铜华清明 光照千秋
——清爱堂藏镜

刘军 著

文物出版社

责任编辑：秦　彧

装帧设计：秦　彧

责任印制：张道奇

摄　　影：张红旗　王召平

图书在版编目（CIP）数据

铜华清明　光照千秋：清爱堂藏镜/刘军著 . - 北京：
文物出版社，2014.11
ISBN 978-7-5010-4069-8

Ⅰ.①铜…　Ⅱ.①刘…　Ⅲ.①古镜-铜器（考古）
-中国　Ⅳ.①K875.2

中国版本图书馆CIP数据核字(2014)第186539号

铜华清明　光照千秋

——清爱堂藏镜

刘军　著

文 物 出 版 社 出 版 发 行

（北京市东直门内北小街2号楼）

http://www.wenwu.com

E-mail：web@wenwu.com

北京燕泰美术制版印刷有限责任公司制版印刷

新 华 书 店 经 销

889×1194　1/16　印张：15.5

2014年11月第1版　　2014年11月第1次印刷

ISBN 978-7-5010-4069-8　定价：300.00元

序

孔祥星

又一次应邀为铜镜图录写序，这次是江苏徐州收藏家刘军先生的著作《铜华清明　光照千秋——清爱堂藏镜》。

以往我为人写序的惯例，一定要先看著作的初稿和书中的完整资料。阅读完初稿后，2013年12月底，应刘先生之邀，我与清华大学李学勤教授的博士后鹏宇专程来到徐州。我们一面一面地鉴赏他的铜镜藏品，尤其注意图录中要收录的铜镜。鹏宇博士的论文与汉镜铭文有关，因此让他重点关注此书汉镜铭文的释读。

近年来民间古代铜镜的收藏，徐州无疑是最重要的地区之一，这里的收藏历史较早，人数较多，水平较高，藏品丰富，很有特色。十多年前，当"徐州镜"的名称在收藏界流行的时候，我已认识了好几位徐州藏家，多次欣赏了他们的藏品。后来，在徐州博物馆和徐州藏家的大力支持下，我们中国文物学会青铜器专业委员会在那里召开了几次铜镜学术研讨会，主办民间铜镜展览，参观徐州博物馆考古出土的铜镜。可以说我对徐州博物馆、徐州藏镜家、"徐州镜"是非常有感情的。尽管说现在鉴赏民间藏镜心态平和多了，但去年年底再次鉴赏徐州四位藏家的铜镜时，仍然抑制不住激动的心情。

《铜华清明　光照千秋——清爱堂藏镜》应是徐州现代民间藏镜的第一部著作，刘军先生收藏铜镜已有十年，虽然稍晚一点，但是他执着追求，用心收藏。因而他的收藏卓有成效，颇有特色，能够反映徐州的藏镜水平，具有出版价值。正因为是第一部徐州民间藏镜著作，又了解其他徐州藏家收藏铜镜的情况，所以我对此书的出版尤为重视。首先是鉴别收录品的真伪，这是当下最受人关注的敏感问题。其次是本书的内容和架构，如何充分体现藏品的特色。另外，我多次与作者交流，尽管本书仍是一镜一说明的模式，图像固然十分重要，但说明也很有学问。因为近几年来，在如何提高铜镜著作出版的学术性、可读性方面，文博、考古、科技、教育及收藏界的有关人士都在进行探讨和交流。

令我欣慰的是，刘军先生根据我的意见，对收录的铜镜作了微调，如删去了战国以前和宋及

i

清爱堂藏镜

2013年12月到刘军家鉴赏铜镜

其以后铜镜，增加了一些汉代铜镜，对铜镜说明进行了一些修改。尽管修改不多、不大，但很重要。修改之后，使此书定位更为准确，特色更为鲜明，说明更为贴切。

近几年，看了一本又一本民间藏镜著作，我越来越有一种顿悟的感觉：现在我审视这些铜镜著作时，已经不是从收藏的的每一件铜镜中去获得多少美感和惊喜，而是要在一个相对完整的系列中去观察、去体会、去研究、去探索。因为：第一，这么多年，看了许许多多的民间藏镜，也的的确确有不少惊喜，但是，我们必须以历史的视角、辩证的方法、理性的态度给这些铜镜一个准确的定位。第二，这一系列的铜镜作品是古代政治、经济、社会生活、思想观念、文化艺术的真实写照，是当时多种因素综合构成的时代产物。只有努力去彰显它们与这些因素的联系，我们才能理解铜镜在中国文化艺术史上的重要意义和价值，也只有这样，我们才能评述著作的出版意义。仅就此书而言，拟提出下列几点思考。

第一，关于汉镜的类似性和差异性。本书收录战国镜28面、汉镜114面、隋唐17镜面，考虑到战国晚期和西汉初期一些铜镜类型尚待确定，因此，本书的重点无疑是汉镜。汉镜中收录的类型有20余种，但数量也是极不平衡的，博局镜最多，有33面，乳钉禽兽带镜（包括四乳、五乳、六乳、七乳、八乳）近30面，有些仅1面、2面。这样就为读者提供了一个独特的视角，启发我们较为集中去思考、去探究隐藏在藏品后面的问题，从而使研究更为系统化、深入化、专业化。伴随着对铜镜文化艺术的深度挖掘，在直观视觉上看似同一模式的镜类，却有着或多或少的差异。如30余面博局镜，纹饰多有变化、铭文丰富，更有一些少见的纹饰和铭文。这些差异是铸镜地区的不同、流行时代的先后、还是铸镜匠师审美的选择？

第二，关于"徐州镜"的定义与内涵。一些徐州藏镜家往往会提到自己的收藏与"徐州镜"的关联，这是可以理解的。所谓"徐州镜"当然首先应指在徐州地区铸制的镜子，由于确定铸镜地区的资料十分有限，因此，根据考古学的一般理解，至少是徐州地区出土的铜镜。人们通过这些出土铜镜来了解"徐州镜"纹饰、铭文和当地埋藏条件形成的锈蚀特征等。所以，我在徐州考察时，总是强调藏镜家要注意该地区出土的铜镜。尽管本书藏品失去了埋葬它的载体，但内涵丰富，不少镜极具特色。是否能将这些铜镜与徐州地区考古出土的铜镜加以整合研究？本书作者曾经与我谈过，他很想做这方面工作。我表示会积极支持，并认为这是一个很值得重视的严肃课题。既然"徐州镜"名称在收藏领域已流行了十多年，我们必须有目标、有方向、有计划的进行研究，必须以较宽广的学术视野和社会背景为支撑。

第三，关于铜镜著作出版的精品意识。其实这个话题我已谈论过很多次了。所谓精品，就是要有创新、有突破，形成具备自己收藏特点的学术观点和研究方法。铜镜图录，读者要面对的是图像和文字，思考的是艺术和文化之间的相互关系，两者都必须重视。图像要清晰，易于观赏和利用；文字阐释要到位，不能过于追求词语的绚丽、过多的形容夸饰。2013年11月出版的《洛镜铜华——洛阳铜镜发现与研究》给我们树立了一个良好的样板，该书具有较高的学术价值，主要体现在作者广泛搜集和深入挖掘资料的能力，对于图像努力地做到精美。但是，现在国内还是有一些考古出土品著作，仍然是图像模糊，又缺少如拓本之类的辅助图像，不仅不能让读者感受到铜镜的艺术，也很难进行进一步的解读，影响了著作的学术价值。

反观民间藏镜著作，出版的质量在不断提高。本书图像精美，文字简洁，就是一个很好的例子。考古出土与收藏家铜镜品相的反差是客观存在的事实，但出版铜镜著作质量的反差，我认为则是认识的问题、重视的问题，当然也有出版经费的问题。因此，我想通过本书序言，再次呼吁全社会，加强出版的精品意识，出版更多更好的不同形式的铜镜佳作。

2014年5月

前　言

　　收藏是一种爱好，是一种文化活动，更是一种精神活动。收藏的真谛不是你能拥有多少藏品，而是享受收藏过程中的各种经历和体会，让每个收藏者在收藏过程获得或多或少的感悟。面对浩瀚几千年的中华文明史，面对先人们留下的古代艺术珍品，我们每个人都是匆匆过客。每一件藏品的背后都可能有一个动人的故事，每一件藏品都曾见证过一段历史。丰富知识、品味人生、传承文明是我收藏的最大收获。因此，我的藏品有幸结册出版，一是对自己十年收藏的总结，二是为传承历史文化尽一点社会责任。这些藏品是老祖宗留给我们的宝贵财富，是"厚德载物"的文化艺术载体，它们无声地告诉我们祖先的智慧与创造力。

　　十年前单位调来了一位同事，他酷爱收藏铜镜，还经常给我讲一些铜镜的收藏知识，工作之余或去外地出差，也总带着我到古玩店或古玩市场溜达一番，久而久之我对铜镜收藏逐渐产生了兴趣。不过，让我对铜镜产生浓厚兴趣的是购买的第一面铜镜，这是一面战国四龙纹铜镜，看到它精美而神秘的图案，看着这件属于自己的第一件古代艺术品时，真是心潮澎湃。从傍晚看到半夜，睡梦中醒来迷迷糊糊又看了一个多小时，早上天还没亮就急不可待地打开镜盒仔细端详，如同在穿越时空和古人对话。心想这两千多年的古镜是何人所铸？何人所用？神秘图案又隐含着什么历史文化信息？从此，这些迷惑令我与铜镜结下了不解之缘。

　　收藏的过程是快乐的，但也充满了许多困苦和烦恼。收藏之初，真假不分，倒还比较谦虚谨慎，外出淘宝时总要带个高手帮助掌眼，或购买铜镜前要找几个人来参谋参谋，这一时期购买的藏品基本没出差错。时间一长，自我感觉良好，认为自己的眼力可以了，外出淘宝"掌眼"的朋友也不带了，也不找人参谋了，其结果是可想而知的。购得一件称心如意的真品时兴奋多日，但购得一件赝品时也懊悔多天，甚至发誓今后再也不收藏了！这一时期真是喜、怒、哀、乐、愁五味俱全，我想大多数收藏者几乎都有同样的经历和感受。这是一种心理素质的考验，也是收藏过程中的一个十字路口，有的人从此消沉与收藏绝缘，有的人则看作是挑战，勇往直前。

　　收藏就像在读一本书，必定是由薄到厚，再由厚到薄一个漫长的知识积累过程。收藏初期粗精并蓄，随着眼力的提高，以及与藏家、学者的广泛交流，精品意识、文化意识都渐渐提高。收藏的方向也在不断地调整，早期一部分粗俗的藏品被淘汰，品相精美而又内涵丰富的藏品在增加。同样，精品的价格也是不菲的，由于经济条件受限，很多怦然心动的美品只能望洋兴叹，一旦错过可能要后悔多日，甚至终身遗憾。当然，收藏一定要量力而行，摆正心态，把它作为一种乐趣，一种修身养性陶冶情操的休闲方式，就会自我满足，自乐其中，心境变得安详平和，淡泊名利，心灵得到净化，做到心无旁骛。

收藏的乐趣在于探索，不断地有新发现，不断地学习，丰富自己人生的过程。可能会因为一面铜镜纹饰中出现一点细微的变化，而去翻阅大量的图录和文献。或者因为一个铭文无法确认而彻夜难眠，外出千里寻师拜友。有些疑问能及时解决，心情很快放松。有些疑问可能要缠绕自己多年，一旦解开，如释重负，带来的快乐也是不言而喻的。有些疑问可能要伴随你走完一生，始终找不到答案。也许这就是收藏的魅力，促使你不断地探索、发现、追求。

可喜的是，近年人们逐渐重视铜镜收藏与研究，"中国文物学会青铜专业委员会"、"中国铜镜研究会"相继成立，为广大铜镜收藏爱好者提供了很好的交流平台。铜镜的历史价值、文化价值和艺术价值得到了更好的认识和发掘，一大批文博界专家学者、收藏家积极投身于铜镜的研究。各种形式的铜镜研讨会、精品实物展，一些知名拍卖公司的拍品展，数量之多、品种之多、精品之多，使我眼界大开，增长了不少的知识，收藏的理念也发生了很大的变化，对自己的收藏重点也重新进行了定位。

陪孔祥星、刘一曼先生参观

V

清 爱 堂 藏 镜

战国、汉代、唐代是中国铜镜发展的三个高峰。战国铜镜地纹细腻，主纹神秘诡异、变化莫测，给人无限遐想。汉镜制作规整，工艺精湛，品种繁多，内容涉及广泛，充分反映了人们的宇宙观、思想观和价值观，以及追求名利，祈福平安，事死如生，求道升仙的世俗观念。唐代是一个开放、创新的时代，唐镜造型新颖，厚重大气，花鸟瑞兽、人物故事、佛教道教题材成为这一时代的主流纹饰，特殊工艺镜更是一枝独秀。

"千古龙飞地，一代帝王乡。"身为一个汉皇故里的刘邦后人，自然对老祖宗留下的"遗产"情有独钟，因此，我的藏品主要以汉镜为主，战国镜、唐镜次之。另外本书主要从个人的收藏特点考虑，其他年代的铜镜并没有录入。本书收藏战国镜28面，汉镜114面，隋唐镜17面，对铜镜纹饰特点进行了简单描述。

本书编写过程中，中国历史博物馆原副馆长、研究员孔祥星先生对书稿进行了多次修改和指导，并亲临寒舍审核实物、筛选题材，还欣然为本书作序。清华大学博士后鹏宇、西安建筑科技大学朱军强教授也多次指导、校对文字工作。中国社会科学院考古研究所岳洪彬博士也为本书出版提出了很多宝贵意见。好友许勇为本书制作了拓片，摄影师张红旗、王召平、焦征三位好友为本书拍摄了图片。乔菊影、李郅强、李平、石兆祥、黄洪彬、刘伟等同好也做了大量工作，在此一并表示谢意！此外，感谢文物出版社领导和编辑的大力支持，使得本书得以顺利出版。

由于笔者学识水平有限，书中错误、未妥之处在所难免，敬请方家批评指正！

刘 军

2014年3月

主要参考文献

1．孔祥星、刘一曼：《中国铜镜图典》，文物出版社，1992年。

2．孔祥星、刘一曼：《中国古铜镜》，（台北）艺术图书公司，1994年。

3．山东省文物考古研究所编：《鉴耀齐鲁——山东省文物考古研究所出土铜镜研究》，文物出版社，2009年。

4．郭玉海编：《故宫藏镜》，紫禁城出版社，1996年。

5．梁上椿编：《岩窟藏镜》，大业印刷局，1940年。

6．南阳市文物考古研究所编：《南阳出土铜镜》，文物出版社，2010年。

7．浙江省博物馆编：《古镜今照——中国铜镜研究会成员藏镜精粹》，文物出版社，2012年。

8．赵平安：《隶变研究》，河北大学出版社，2009年。

9．中国科学院考古研究所编：《洛阳烧沟汉墓》，科学出版社，1959年。

10．中国青铜器全集编辑委员会编：《中国青铜器全集·铜镜》，文物出版社，1998年。

11．中国社会科学院考古研究所、河北省文物管理处：《满城汉墓发掘报告》，文物出版社，1980年。

12．罗振玉编：《古镜图录》，上虞罗氏民国五年（1916年）影印本。

13．辛冠洁编：《陈介祺藏镜》，文物出版社，2001年。

14．李德文主编：《六安出土铜镜》，文物出版社，2008年。

15．王士伦编著、王牧修订：《浙江出土铜镜（修订本）》，文物出版社，2006年。

16．（日）梅原末治：《汉三国六朝纪年镜图说》，日本桑名文星堂，1943年。

17．（日）梅原末治：《汉以前の古镜の研究》，日本东方文化学院京都研究所，1935年。

18．（日）梅原末治：《绍兴古镜聚英》，日本桑名文星堂，1939年。

19．（日）后藤守一：《古镜聚英》，日本大冢巧艺社，1942年。

20．（日）后藤守一：《汉式镜》，日本雄山阁，1973年。

21．（日）木泉屋博古馆编集：《泉屋博古·镜鉴编》，日本泉屋博古馆，2004年。

清
爱
堂
藏
镜

22．（日）守屋孝藏搜集：《方格规矩四神镜图录》，日本京都国立博物馆，1969年。

23．李学勤：《日光镜铭新释》，《文博》2013年第1期。

24．李零：《读梁鉴藏"内而光"镜》，《中国文物报》2012年3月16日。

25．李零：《读梁鉴藏镜四篇——说汉镜铭文中女性赋体诗》，《中国文化》2012年第1期。

26．林素清：《两汉镜铭所见吉语研究》，《汉代文学与思想学术研讨会论文集》，（台北）文史哲出版社，1991年。

27．林素清：《十二种镜录释文校补》，《王叔岷先生八十寿庆论文集》，（台北）大安出版社，1993年。

28．林素清：《两汉镜铭初探》，《中央研究院历史研究所集刊》第六十三本第二分册，1993年第5期。

29．沈培：《"寿敝金石"和"寿敝天地"》，《中国文字研究》2007年第1期。

30．鹏宇：《释汉代镜铭中的"微"字》，《出土文献》，待刊。

31．李新城：《东汉铜镜铭文整理与研究》，华东师范大学博士学位论文，2006年。

32．乔菊影：《徐州出土汉代铜镜研究》，中国艺术研究院硕士学位论文，2011年。

33．陈英梅：《两汉镜铭内容用字研究》，（台南）国立成功大学硕士学位论文，2005年。

34．鹏宇：《两汉镜铭文字整理与考释》，复旦大学博士学位论文，2013年。

目　录

清
爱
堂
藏
镜

xi

清爱堂藏镜

001. 双弦纹镜　战国

直径7.3厘米，缘厚0.15厘米，重38克

圆形，三弦钮，以镜钮为中心，饰两周突弦纹。

002. 十连弧纹镜 战国

直径16.1厘米，缘厚0.35厘米，重313克

圆形，三弦钮，主纹为单线内向十连弧纹，与钮外凹面
圆圈带构成一放射状的太阳纹。素卷缘。

003. 凹面重圈纹镜 战国

直径23.2厘米，缘厚0.4厘米，重695克（上）；直径22.8厘米（下）

圆形，三弦钮，钮外两周凹面圈带，素卷缘。山东省淄博市出土铜镜（《鉴耀齐鲁》中弦纹镜020-1）镜背涂抹白地，用红彩描绘花纹。由此推测此镜圈带之间可能绘有彩色图案，只是年久脱落。下图也是一个很好的例证。

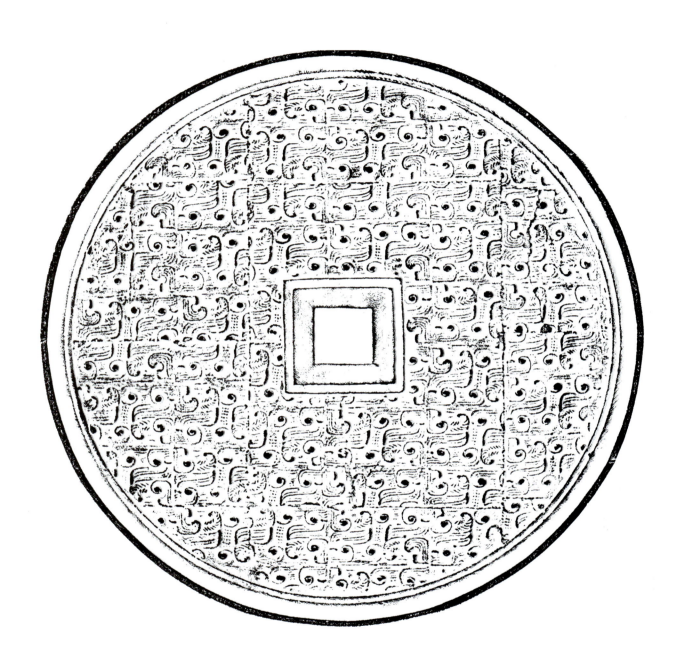

004．羽状纹镜　战国

直径16.0厘米，缘厚0.5厘米，重290克

圆形，三弦钮，外围一周凹面方框。整体图案由满铺的若干个羽状纹、粒状纹、卷涡纹组成，素卷缘。羽翅纹在春秋晚期和战国早期的青铜器上曾风行一时，镜子上纵横的范线说明，系采用同一单位纹饰的印模连续压印拼接而成。有学者认为羽翅纹是变形兽纹的一种，不具备动物整体的形状，它截取于青铜器纹饰飞龙腾蛇躯体上的小羽翅，构成均匀密集的图案。也有人认为这种羽状纹是云气纹与隐没在云气纹中的夔龙纹的混合体。

005．四山镜　战国

直径12.5厘米，缘厚0.8厘米，重309克

圆形，三弦钮，圆钮座。钮座外四叶纹相间的羽翅纹尖端均高高翘起，深邃挺拔，在山字镜中如此构图十分特殊，极为少见。四片花叶将主纹分为四区，每区内有一左倾的"山"字纹，此镜"山"字纹与常品有异，"山"体肥大，苍劲有力。"山"字头另挑出一短菱形条带，使得纹饰更加丰满盈实。地纹为羽状纹，道劲飘逸。素卷缘。此镜制作精良，线条流畅，疏密有致。

清
爱
堂
藏
镜

006. 四鸟镜 战国

直径10.7厘米，缘厚0.1厘米，重82克

圆形，四弦钮，外环一周凹面圈带。主纹为四只站立的雀鸟，平
雕勾勒而成，形体简洁，神态安闲。地纹由云雷纹、双线几何纹
及珠点纹构成，图案精美细密。内向十二连弧缘。

007. 三乳蟠螭纹镜　战国

直径12.3厘米，缘厚0.45厘米，重177克

圆形，三弦钮。三个平圆乳划分为三区，在纠结的身躯中，隐约可辨夔龙及夔凤之首。战国晚期三乳镜相对较少。

008．四菱四凤镜　战国

直径10.0厘米，缘厚0.2厘米，重53克

圆形，半圆钮，钮外凹面方格。主纹为四夔凤纹，凤鸟单腿抵接方格外角，羽翼飞展，身体卷曲，尾颈部相交，尾羽舒展，弯曲自然。四凤间各饰一折叠菱纹。地纹为云雷纹和填珠点勾连山字纹组成。素卷缘。此镜纹饰清晰，做工细腻精致。

清爱堂藏镜

009. 四龙镜　战国

直径19.3厘米，缘厚0.25厘米，重474克

圆形，三弦钮，钮外伸出四叶纹分为四区，每区饰一只夔龙。夔龙两两相对，昂首张牙，屈身舞爪，翅尾卷曲，凌空腾飞。地纹为菱形线纹及卷云纹间以细点纹。内向十三连弧缘，相对少见。此镜充分体现出战国时期铜镜构图艺术及铸造工艺之高超。

清爱堂藏镜

010．双龙双凤镜　战国

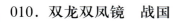

直径18.4厘米，缘厚0.2厘米，重412克

圆形，半圆钮，圆钮座。四叶纹间饰龙、凤各一对，龙张口回首舞足，矫健灵动，凤
长翅伸展倒卷，体态轻盈。地纹为菱形线纹及卷云纹间以细点纹构成，内向十二连弧
缘。此镜图案与郭玉海《故宫藏镜》16和梁上椿《岩窟藏镜》第一集47图相同。

15

——清爱堂藏镜

011. 四凤镜　战国

直径9.7厘米，缘厚0.2厘米，重36克

圆形，三弦钮，外围凹面方格。主纹为四凤，两两对称，各呈金鸡独立状，凤头居中回首，两翼展开，凤尾向上分为两支左右舒展，尾端勾卷。地纹为双线勾连纹内置三角几何纹与珠点纹。素卷缘。

清爱堂藏镜

012．四叶蟠螭纹镜　战国

直径25.1厘米，缘厚0.6厘米，重788克

圆形，三弦钮，座外一周凹面圈带。主纹由四大扁叶形花纹组成的"亚"字形和八只形态不同的蟠螭纹构成。地纹为云雷纹。素卷缘。此镜不仅硕大，纹饰新颖别致，较宽的凹面四叶，其外平雕式四螭和其内线条式的四螭，粗细分明，层层对比，更显视觉效果，八螭特别是叶内四螭结体随意，在战国镜中较少见。

013. 四叶四龙镜　战国

直径14.4厘米，缘厚0.4厘米，重163克

圆形，三弦钮，圆钮座。钮座外有两周凸弦纹。云雷纹地纹。四枚花叶纹，将主纹分为四区，每区各有一平雕夔龙，夔龙作回首状，张口露齿，龙睛暴烁，身躯扭作S形，单足独立，一只前肢伸至钮座外之弦纹圈上，作向前飞跃之状态。素卷缘。此镜龙纹具有战国纹饰显著特征，地纹细腻，但没有拼范痕迹，镜钮及形制特征与秦镜风格相似，或为战国晚期至秦代过渡时期，品种少见。

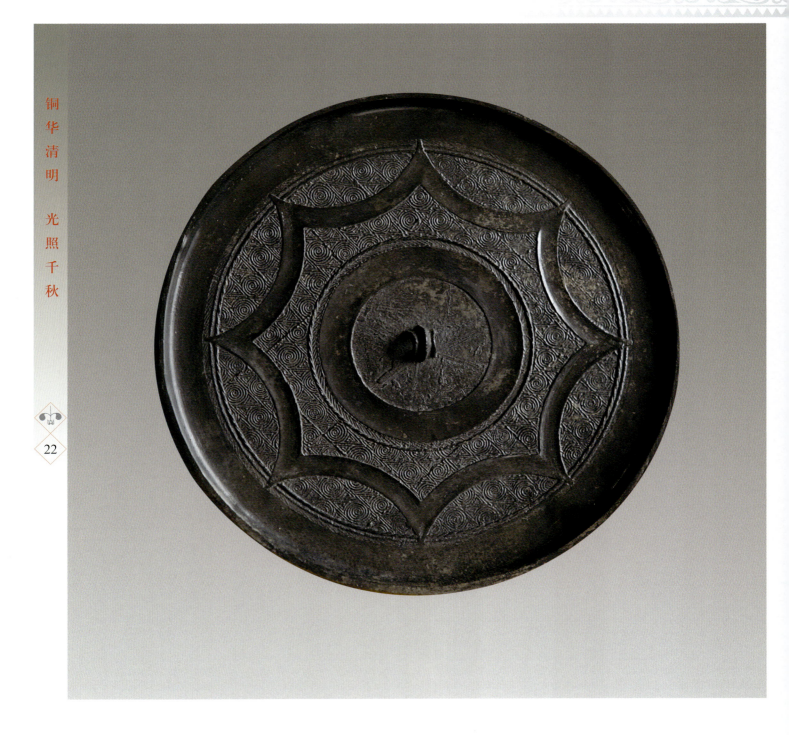

014．八连弧云雷纹镜　战国

直径14.0厘米，缘厚0.5厘米，重251克

圆形，三弦钮，外环一周凹圈带。主纹为八凹面内向连弧
纹，弧尖端叠压双线绳纹。云雷纹地纹，较为细密，拼范痕
迹明显。素卷缘。

015. 七连弧蟠螭纹镜　战国

直径10.4厘米，缘厚0.4厘米，重81克

圆形，三弦钮，其外一周凹面环带。凹面七内向连弧纹带将主纹分为内、外两部分，以云雷纹铺地，其上饰蟠螭以及夔凤纹，神秘夸张的蟠螭龙首与苍劲有力的夔凤钩喙忽隐忽现于卷云地纹中，盘曲交错，连绵不断，显得瑰丽而诡秘。素卷缘。此镜流行于战国至西汉早期。

016．八连弧蟠螭纹镜　战国

直径21.1厘米，缘厚0.7厘米，重550克

圆形，三弦钮，圆钮座，外饰一周凹面圈带。云雷纹地纹，主纹为内向八连弧纹
叠压蟠螭纹形成三层花纹的构图。两种形态不同的蟠螭纹各四组，躯体曲折变
化，随势安排，流转于八连弧内外。素卷缘。此镜流行于战国至西汉早期。

清
爱
堂
藏
镜

017. 三叶菱纹三龙纹镜　战国

直径20.6厘米，缘厚0.4厘米，重375克

圆形，三弦钮，圆钮座，外饰一周凹面圈带。纹饰由地纹与主纹组合而成，地纹为席地
纹，清晰细腻。三叶纹分为三区，各置一龙纹，回首张嘴，躯体曲折回环。此镜平雕与双
线条相接，虚实相应，S形曲卷与平直纵横，互有叠压，富有新意，极致完美。素卷缘。

018. 四叶纹镜　战国

直径12.2厘米，缘厚0.6厘米，重175克

圆形，三弦钮，两周绳纹向外伸出的四花叶均匀对称，花叶呈桃形，花瓣翻卷，两条花蕊细长犹如卷曲的羊角，凸起的花瓣又酷似羊的双眼，故也有人称之为四羊镜，寓意吉祥。地纹由细密的云雷纹和三角几何纹组成。素卷缘。此镜纹饰简洁，形制、纹饰少见。

019. 彩虹纹三龙镜　战国

直径19.6厘米，缘厚0.7厘米，重530克

圆形，浮雕龙纹圆钮，钮座与凹面圈带之间，装饰三条浅浮雕蟠螭纹，龙身忽隐忽现于卷云地纹中，瑰丽神秘。其外圆涡纹地纹上，三组蟠螭纹与菱纹、云纹、彩虹纹勾连缠绕。素卷缘。此镜结构复杂，线条遒劲，叠压螭纹的三条圆弧彩虹纹较为少见，亦有人称其"类似弯月"。

 020. 菱纹六龙镜　战国

直径24.1厘米，缘厚0.85厘米，重803克

圆形，三弦钮，圆钮座。云雷地纹。主纹为平雕式龙纹，分为三组，每组
二只形态各异的螭龙交相纠结，并与菱格纹勾连环绕，方圆并举，合为一
体。素卷缘。此镜镜体硕大，铸造精细，纹饰繁复，为同类镜中的精品。

021. 蟠螭纹镜　战国

直径16.6厘米，缘厚0.5厘米，重310克

圆形，三弦钮，圆钮座。地纹为珠点云雷纹，其上四组蟠螭交互叠错，
曲折回环，气韵生动。素卷缘。此镜主纹深邃苍劲，有镂空之感。

清
爱
堂
藏
镜

022. 菱纹三龙镜　战国

直径15.0厘米，缘厚0.4厘米，重143克

圆形，三弦钮，圆钮座。涡旋状地纹。凹形圈带外有三组蟠螭与三菱形纹相互勾连，菱纹折叠，一菱边向外延伸，波折起伏，别有新意。其中一螭龙张嘴吐舌，身体弯曲盘旋，两爪粗壮有力。素卷缘。此镜纹饰与《南阳出土铜镜》附表80（152、153页）蟠螭菱纹镜类似，较为少见。

清爱堂藏镜

023. 蟠螭纹镜　战国

直径14.7厘米，缘厚0.4厘米，重240克

圆形，三弦钮。钮外环饰一周由珠点纹和云雷纹构成的精美图案，其外
为一周凹面圈带，珠点纹和云雷纹组合成地纹，主纹为三条龙纹，龙张
嘴露齿，圆目狰狞，身躯勾连，线条遒劲，形态灵动。素卷缘。

024. 三凤镜　战国

直径9.6厘米，缘厚0.5厘米，重102克

圆形，三弦钮，圆钮座。其外一周凹面圈带，地纹为云雷纹。主纹为三只凤鸟与卷云纹缠绕盘曲。凤鸟回首，嘴衔卷尾，双翼向两侧舒展，翼端向上勾卷。素卷缘。

025. 菱纹三龙镜　战国

直径11.5厘米，缘厚0.55厘米，重160克

圆形，虎头弓形钮，伏兽钮座，座外两圈绳纹间饰一周凹面圈带纹。主纹分为内容相同的三组，三条螭龙盘旋勾连，前肢左右伸张，回首斯咬。另有游鱼状纹、菱形纹和仙山纹，构成一幅流畅而飘逸的图案。素卷缘。

026. 菱纹凤鸟镜　战国

直径11.4厘米，缘厚0.6厘米，重135克

圆形，三弦钮，圆钮座。地纹为云雷纹。钮座外一周凹面圈带和一周栉齿
纹，主纹为三只立鸟，长喙上勾，嘴衔卷尾，回首顾盼。双翼向上勾卷，分
别与三束缠绕的蔓枝勾连，各束蔓枝又与一菱形纹相接。素卷缘。

027. 三龙纹镜　战国

直径16.2厘米，缘厚0.6厘米，重308克

圆形，五弦钮，圆钮座。地纹由菱纹和涡旋纹构成，主纹为三龙间隔菱形
纹，龙头回首，张嘴露齿，怒目圆瞪，龙角上卷，躯体弯曲向左延展，尾接
菱形纹，两爪粗壮有力，神态威武凶猛。素卷缘。此镜五弦钮较少见。

028. "大乐贵富"四叶蟠螭纹镜 汉

直径18.7厘米，缘厚0.65厘米，重463克

圆形，三弦钮，双螭钮座。地纹为细密的云雷纹。两个绳纹圈带间铭文为："大乐贵富，千秋万岁，宜酒食。"以一鱼纹结句。圆周外伸出四株三叠式花瓣纹将主纹分为四区，每区饰一回旋盘绕双线勾勒的蟠螭纹，蟠螭张口露齿，怒目圆睁，两爪粗壮有力，身躯盘旋纠结。素卷缘。

029．"大乐贵富"四叶蟠螭纹镜　西汉

直径16.0厘米，缘厚0.6厘米，重326克

圆形，三弦钮，钮上有两只虎面纹，双螭钮座。地纹为云雷纹。两个绳纹带间铭文为："大乐贵富，千秋万岁，宜酒食。"以一鱼纹结句。圆周外伸出四株三叠式花瓣纹将主纹分为四区，每区一组蟠螭纹。螭龙张嘴露齿，圆目有神，两爪左右伸张，身躯蟠旋缠绕，动感十足。主纹外一周绳纹。素卷缘。

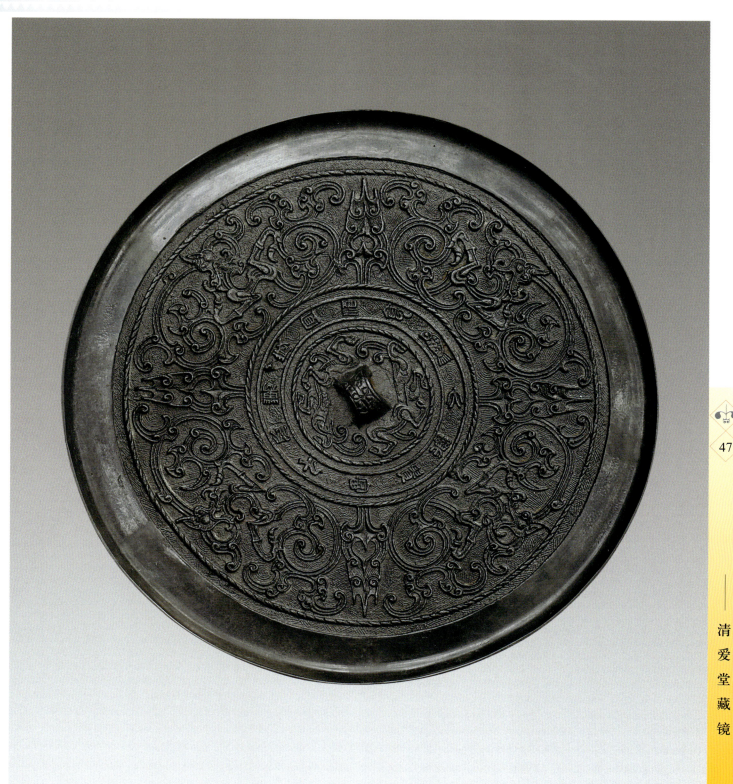

清
爱
堂
藏
镜

030．双猴双螭镜　西汉

直径10.7厘米，缘厚0.3厘米，重81克

圆形，三弦钮，外饰一周凹面圈带。四枚四叶座乳丁将主纹分为四区，其中两区对置一对伸臂跳跃状的灵猴，另外两区则分别饰一条盘旋的螭龙，猿猴宽额大眼，鼻梁硕大，两腿分开，双臂伸展作跳跃状，活泼灵动，似在戏弄旁边的螭龙。地纹为云雷纹，素卷缘。

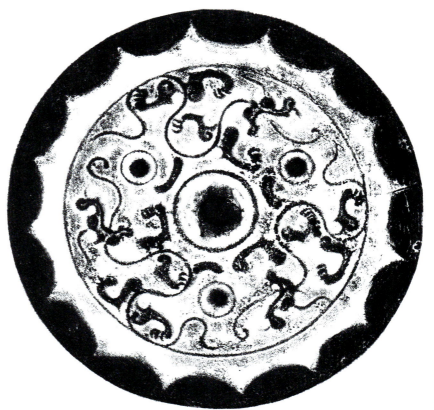

031. 三乳三龙镜　汉

直径11.1厘米，缘厚0.2厘米，重128克

圆形，圆钮，圆钮座。三乳间各饰一龙，蜷曲婉转，张口吐舌。内向十六连弧缘。此镜尺寸不大，但三乳三龙的配置较为少见。

032. 三龙镜　西汉

直径16.0厘米，缘厚0.5厘米，重307克

圆形，三弦钮。外饰一周凹面圈带，主纹为三条蜿蜒盘旋的龙纹，利爪张扬，回首顾望。此镜龙纹形态较为少见，正面浅浮雕龙头面目狰狞，长身躯麟甲片片，翱翔于云雾中，动感十足。地纹为云雷纹，近缘处一周内向十二连弧纹。素卷缘。

033. 四猴镜　西汉

直径14.6厘米，缘厚0.3厘米，重168克

圆形，三弦钮，外饰一周凹面圈带。四枚四叶座乳丁将主纹分为四区，
每区饰一组猿猴戏龙纹，猿猴宽额大眼，鼻梁硕大，两腿分开作跳跃
状，左手持一条虺龙，似在嬉戏。地纹为云雷纹。素卷缘。

清爱堂藏镜

034. "请诣"柿蒂花瓣镜 西汉

直径18.6厘米，缘厚0.35厘米，重510克

圆形，伏兽钮。方形界格之间置26字铭文："请诣金华以为镜，昭察衣服观容貌，结组中身可取信，遂光宜美人"。放射状四组花瓣纹分为四区，每区饰一圆座乳丁柿蒂纹。内向十六连弧纹缘。此镜铭文是当时较为流行的一种，但与此镜词句完全相同的很少，且在已知镜中铭文字数最多。

清
爱
堂
藏
镜

035. "日光"草叶纹镜　西汉

直径16.0厘米，缘厚0.35厘米，重510克

圆形，伏兽钮。凹面方格间置12字铭文："见日之光，服者君卿，所言必当。"
放射状四组花瓣纹分为四区，每区装饰圆乳丁柿蒂纹及对称草叶纹。内向十六连
弧纹缘。此镜制作精良，布局层次分明，字体秀美洒脱，纹饰刻画细腻。

清爱堂藏镜

036. "日有憙"草叶纹镜 西汉

直径18.4厘米，缘厚0.5厘米，重856克

圆形，圆钮，柿蒂纹钮座。两凹面方框间置12字铭文："日有憙，
宜酒食，长贵富，乐毋（无）事"。四乳丁两侧分别置一草叶纹，
方框四角各置一花瓣纹。内向十六连弧纹缘。

037. 博局草叶纹镜　西汉

直径11.2厘米，缘厚0.3厘米，重106克

圆形，圆钮，柿蒂纹钮座。纹饰由八株草叶与博局纹组成。此镜是最简洁的博局草叶镜，且"T"纹缺凹面直道，但方格与博局间配置的斜线小方格和几组平行细条纹雅致秀巧，装饰效果较好。内向十六连弧纹缘。

038. 星云镜　汉

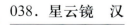

直径15.5厘米，缘厚0.7厘米，重596克

圆形，连峰钮，钮区装饰有勾连星云纹。四枚连珠座乳丁间十枚小乳丁
与三线纹线条相勾连，纹饰繁而不乱，气韵生动。内向十六连弧缘。

 039. 星云镜 汉

直径15.0厘米，缘厚0.7厘米，重536克

圆形，连峰钮，亦称博山钮，钮与栉齿圈带间，四枚乳丁及四组线条纹相间回旋。其外环绕一周内向十六连弧纹凸棱圈带。两周栉齿圈带间四枚十字星座连珠纹乳丁将主纹分为四区，每区由弧线勾连九枚乳丁，看似灿若群星。内向十六连弧纹缘。

040. 席地纹镜　西汉

直径16.0厘米，缘厚0.5厘米，重520克

圆形，圆钮，柿蒂纹钮座。外饰一周凹面圈带。主纹区四乳丁规则地分布在均匀致密的席
纹之上，席纹疏密有致，与圆形圈带、乳丁及镜形相呼应，充分发挥了方圆对比的效果。
这种席地纹可以看做是战国时期云雷纹的演变。此镜题材较少，光亮完好，堪称佳制。

041. "常乐未央"铭文镜 汉

直径8.4厘米，缘厚0.3厘米，重58克

圆形，弦纹钮，钮外围凹面大方框。方框外四V纹、四乳丁与铭文相间配置，8字铭文为："常乐未央，长毋相忘。"素卷缘。此类镜四叶纹较多，V纹较少。

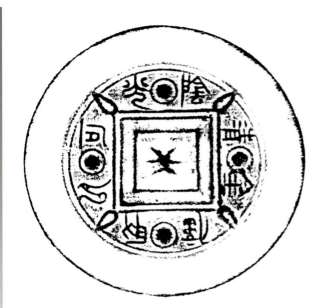

042. "金清阴光"铭文镜 汉

直径7.4厘米，缘厚0.2厘米，重33克

圆形，弦纹钮，钮外围凹面大方框。方框外四叶、四乳丁与铭文相间配置，8字铭
文为："金清阴光，可以取信。"素卷缘。在传世铜镜中有"金英阴光宜美人"和
"结组中身可取信"的词句，此镜铭文应是这些词句的减省，较为少见。

043. "铜华"铭文镜 汉

直径15.1厘米，缘厚0.6厘米，重550克

圆形，圆钮，连珠纹钮座。两圈栉齿纹间有铭文："涑治铜华清而明，以之为治而宜文章，延年益寿去不羊（祥），与天毋（无）极而日光。"素宽缘。

044. "昭明"铭文镜　汉

直径11.2厘米，缘厚0.6厘米，重310克

圆形，圆钮，圆钮座，两圈栉齿纹间有铭文："内而清而以昭而明光而象夫而日之月而心忽而泄。"宽素缘。

 045.　"昭明"铭文镜　汉

直径12.5厘米，缘厚0.5厘米，重295克

圆形，圆钮，连珠纹钮座。两圈栉齿纹间有铭文："内清质以昭明，光辉象夫日月，心忽穆而忠，然雍（壅）塞而不泄。"宽素缘。

046. "昭明"铭文镜　汉

直径13.9厘米，缘厚0.6厘米，重345克

圆形，圆钮，并蒂连珠纹钮座。座外内向八连弧纹相间鸟眼纹及草叶纹，其外一周铭文："内清质以昭明，光辉象夫日月，心忽而愿忠，然雍（壅）塞而不泄乎。"以鸟纹结句。素平缘。此镜字口犀利深峻，字体灵动秀美。

047. "日有德"铭文镜 汉

直径15.0厘米，缘厚0.6厘米，重612克

圆形，圆钮，连珠纹钮座。两圈栉齿纹间有铭文：："日有德，月有富，乐毋（无）
事，宜酒食、居而必安，长毋忧患，竽瑟侍，心志驩（欢），乐已哉，固常然，君。"
宽素缘。同类镜铭文为"日有憙"的常见，而铭文为 "日有德"却极少见。

048. "昭明·清白"重圈铭文镜 汉

直径17.3厘米，缘厚0.7厘米，重620克

圆形，圆钮，并蒂连珠纹钮座。主纹为两圈铭文，内圈为"内清之以昭明，光而象夫日月，心忽穆而愿忠，然雍（壅）塞而不泄"，外圈为"絜清白而事君，怨污之合（弇）明，微玄锡而流泽，恐远日忘，美佳人，外承可兑（悦）。灵景（影），永思兮而愿毋绝见。"宽素缘。此镜文字繁多，字体介乎篆书与汉隶之间，古拙洒脱，体现了秦汉文字流畅华丽的韵律，古雅而庄重，为汉代文字镜佳作。

049. "清白"铭文镜 汉

直径17.1厘米，缘厚0.6厘米，重482克

圆形，圆钮，并蒂连珠纹钮座。座外内向八连弧纹，其间饰以神秘的鸟形图案，外
围一圈铭文："絜清白而事君，怨污之合（弇）明，微玄锡而流泽，恐远而日忘，
美人，外承可兑（悦），灵景（影），永思而愿毋绝兮。"宽素缘。

清
爱
堂
藏
镜

050. "昭明·昭明"重圈铭文镜 汉

直径15.7厘米，缘厚0.6厘米，重537克

圆形，圆钮，连珠纹钮座。主纹为两圈铭文，内圈为"内清质以昭明，光夫日月，心忽而愿忠，然雍（壅）塞而不泄"，外圈为"内清质以昭明，光辉象夫日月，心忽穆而愿忠，然雍（壅）塞而不泄。"宽素缘。此镜字体圆润饱满，大气豪放。

051. "昭明·皎光"重圈铭文镜 汉

直径19.2厘米，缘厚0.6厘米，重853克

圆形，圆钮，并蒂连珠纹钮座。主纹为两圈铭文，内圈为"内清质以昭明，光辉象夫日月，心忽穆而愿忠，然雍（壅）塞而不泄"，外圈为"姚皎光而耀美，挟佳都而承閒，怀驩（欢）察而惎予，爱存神而不迁，得并执而不衰，精昭（照）折（晳）而伴君。"宽素缘。

052. 四乳四虺镜 汉

直径13.0厘米，缘厚0.6厘米，重504克

圆形，圆钮，柿蒂纹钮座。宽凸棱外饰一周栉齿纹。四枚圆座
乳丁将主纹分为四区，每区饰以同形的虺纹，虺纹上下分别饰
有姿态各异的禽鸟。宽素缘。

053．四乳四虺镜　汉

直径16.7厘米，缘厚0.8厘米，重805克

圆形，圆钮，连珠纹钮座。四枚乳丁将主纹分为四区，每区置一虺纹，虺两侧分别置一雀鸟，虺的一端外侧分别伸出青龙、朱雀、白虎、玄武的头部和颈部。宽素缘。此镜纹饰复杂生动，镜体厚重大气。

054. 四乳四虺镜　汉

直径10.5厘米，缘厚0.5厘米，重184克

圆形，圆钮，圆钮座，其外一周凸宽弦纹带。四枚乳丁将主纹分为四区，每区各一变形虺纹，两端各有羽毛装饰，虺纹上各站立一只形态各异的小鸟。这种构图方式，在四乳四虺镜中较为少见。宽素缘。

055. 四乳四虎镜　汉

直径8.7厘米，缘厚0.3厘米，重120克

圆形，圆钮，圆钮座，其外一周凸三角圈带。四乳间各饰一
虎，虎尾上翘，鬃毛竖起，张口露齿，虎虎生威。宽素缘。
在四乳禽兽类中配置四虎内容的极少。

056. 四乳禽兽镜　汉

直径18.8厘米，缘厚0.7厘米，重936克

圆形，圆钮，柿蒂纹钮座，四叶间饰简化花蕾纹。四枚乳丁将主纹分为四区，分别装饰羽人戏青龙、朱雀和鸣、仙鹤衔丹配白虎雀鸟、仙鹤衔丹配怒吼神狮。宽素缘。此镜制作精良，线条流畅，纹饰繁复，刻画生动。

清
爱
堂
藏
镜

057. 四乳禽兽镜　汉

直径10.0厘米，缘厚0.3厘米，重190克

圆形，圆钮，圆钮座。四枚圆座乳丁将主纹分为四区，分别装饰有青龙及三只展翅飞翔的朱雀，或仰首鸣叫，或回首张望。宽素缘。

058. 四乳龙虎镜　汉

直径13.0厘米，缘厚0.5厘米，重396克

圆形，圆钮，柿蒂纹钮座，四叶间饰花蕾纹。钮座外一周凸弦纹带，其外两周栉齿纹之间饰有两龙两虎，隔钮两两对称，造型古朴生动。近缘一圈栉齿纹，宽素缘。

059. 四乳龙虎镜　汉

直径10.5厘米，缘厚0.3厘米，重142克

圆形，圆钮，圆钮座。主纹为四乳丁间隔双龙双虎，同形瑞兽对称分布，龙纹特点分明，其中一龙长有飞翼，两虎后面分别跟随白兔与青鸟。此镜龙虎体型有别于汉代常见的龙虎形象，一般线条式呈现的仅轮廓，此镜装饰平行斜线条，造型卡通，巧寓变化。这种纹饰风格在汉代瑞兽中极少见。宽素缘。

060．四乳四鸟镜 汉

直径8.7厘米，缘厚0.4厘米，重100克

圆形，圆钮，圆钮座。四乳丁间各饰一鸟，有的回头展翅，有的展翅欲飞，有的翩翩飞起，妙趣自然，在同类镜中较少见。宽素缘。四乳禽兽镜尽管图纹被限制在四个区划内，但古代铸镜匠师不拘成规，创造出不同纹饰组合和风格的铜镜。

061．四乳四凤镜 汉

直径9.1厘米，缘厚0.2厘米，重122克

圆形，圆钮，圆钮座。四枚乳丁将主纹分为四区，每区均饰有一只飞舞凤鸟。宽素缘。纹饰简洁明快，凤鸟飘逸灵动，寥寥几笔，充分彰显审美情趣。

 062. 四乳八禽镜　汉

直径9.1厘米，缘厚0.3厘米，重142克

圆形，圆钮，圆钮座。四枚乳丁将主纹分为四区，每区分别饰有两只对立的禽鸟，双歧冠，覆翼，尾上翘，中间置一小丹丸。宽素缘。

 063. 四乳八鸟镜　汉

直径8.0厘米，缘厚0.35厘米，重85克

圆形，圆钮，圆钮座。四枚圆座乳丁间分置两只对鸟，其中一组相互对视，含情脉脉，另外三组则口口相交，亲密无间。锯齿缘。此镜图纹简洁，构思巧妙。

064. 同模 "王氏作" 禽兽博局镜　汉

直径12.1厘米，缘厚0.4厘米，重298克（上）、271克（下）。

圆形，圆钮，圆钮座，钮座外为双线凹面界格。博局纹将主纹分为四区，分别对应青龙、白虎、朱雀、朱雀，每区饰两枚圆座乳丁。主纹外环一周铭文："王氏作镜三（四）夷服，多贺新家人民息，风雨时节五谷孰（熟），长保二亲"。镜缘一周勾连云气纹。镜中"王氏"、"新家"等词语，说明了此镜制作于新莽时期，新莽镜中同模镜较为少见。

065. "新有善铜"四神博局镜　汉

直径18.1厘米，缘厚0.6厘米，重812克

圆形，圆钮，圆钮座。钮座外圈带内八枚圆座乳丁和简化云气纹相间环绕，主纹组合分别为青龙配人面鸟身兽、朱雀配瑞兽、白虎配独角兽、玄武配羽人。其外环一周悬针篆铭文："新有善铜出丹阳，和已（以）银锡清且明，左龙右虎主三（四）彭（方）"，外饰一周栉齿纹。镜缘饰一周锯齿纹及一周变形卷云纹。此镜悬针篆文字犀利秀美，纹饰线条流畅，边缘纹饰造型独特，别具一格。

清爱堂藏镜

066. "尚方御镜"四神博局镜　汉

直径23.6厘米，缘厚0.6厘米，重1345克

圆形，圆钮，柿蒂纹钮座。其外单线方框与凹面方框间有十二枚圆座乳丁，其间用篆字书写十二地支铭。博局纹将主纹分为四方八区，分别为青龙托金乌、羽人戏雏鸟、朱雀、羽人吹箫、羽人献芝草。白虎托蟾蜍、瑞兽捧芝草、熊戏吉羊、天鹿奔跑。朱雀、两凤和鸣、羽人嬉戏。玄武配蟾蜍、蟾蜍配雏鸟、羽人配独角兽。主纹外一周铭文："尚方御镜真大好，上有仙人不知老，渴饮玉泉饥食枣，泂（徊）泲（俳）名山采之（芝）草，浮游天下敖（遨）三（四）海，寿如金石为国保（宝），大富昌，宜矦王，子孙复（备）具式〈在〉中央，长保二亲乐毋（无）极兮。"镜缘饰一周锯齿纹及一周勾连云气纹。此镜体型硕大，制作规整，纹饰饱满繁缛，羽人禽兽共有四十一个，且神态各异，相应成趣。无论从图案构思和雕刻技法以及铸造工艺均为汉代上乘之作。

清爱堂藏镜

銅華清明　光照千秋

94

066．"尚方御镜"四神博局镜局部　汉

清爱堂藏镜

066. "尚方御镜"四神博局镜局部 汉

067. "尚方佳镜"四神博局镜　汉

直径13.9厘米，缘厚0.5厘米，重440克

圆形，圆钮，柿蒂纹钮座，钮座外为双线凹面界格。博局纹将主纹分为四方八区，分别为青龙捧金乌（太阳）配鸾鸟、朱雀配白鹿、白虎捧蟾蜍（月亮）配独角兽、玄武配羽人禽鸟。主纹外环一周铭文："尚方佳镜真大好，上有仙人不知老，渴饮玉泉饥食枣，浮游天下敖（遨）三（四）海，寿敝今（金）石如天保。"镜缘饰一周锯齿纹及一周勾连云气纹。此镜制作规整，铸造精良，纹饰繁而不乱，线条犀利流畅。

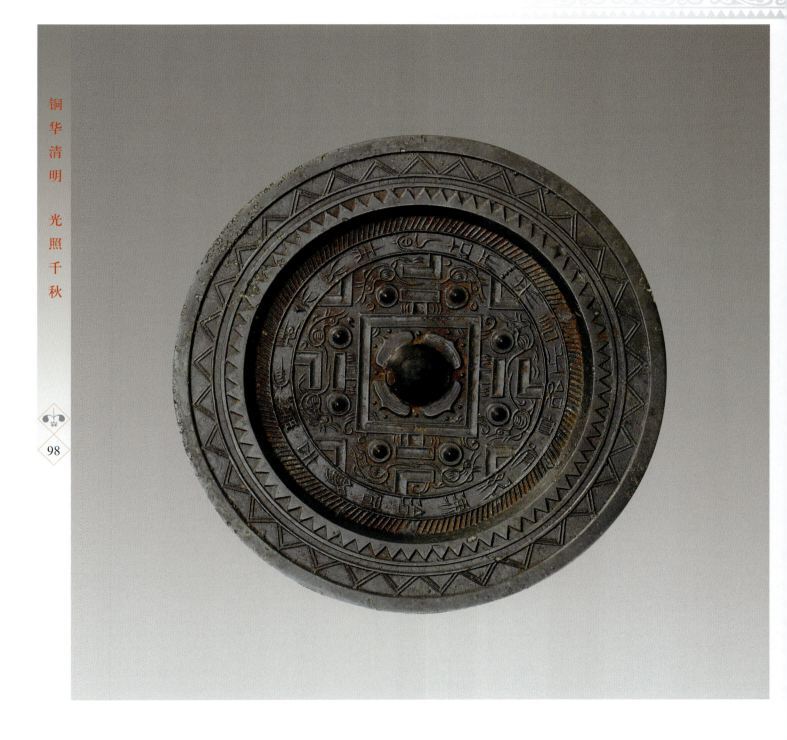

068. "黍言"对鸟博局镜 汉

直径13.2厘米，缘厚0.4厘米，重388克

圆形，圆钮，柿蒂纹钮座。博局纹将主纹分为四方八区，每区置一禽鸟，均隔 "V" 相
对。其外一周铭文："黍言之始自有纪，涷治同（铜）锡去其宰（滓），辟余（除）不
羊（祥）宜古（贾）市。"镜缘饰一周锯齿纹、凹面圈带纹和光芒纹。

清爱堂藏镜

069. "上大山"云气博局镜 汉

直径13.2厘米，缘厚0.45厘米，重411克

圆形，圆钮，圆钮座。博局纹将主纹分为四方八区，每区均饰简
化云气纹。其外一周悬针篆铭文："上大山，见神人，食玉英，
饮澧（醴）泉。"镜缘饰一周锯齿纹及勾连云气纹。

070. "作佳镜"四神博局镜　汉

直径19.1厘米，缘厚0.5厘米，重1048克

圆形，圆钮，圆钮座。钮座外双线凹面界格内，十二枚乳丁相间十二地支铭。博局纹将主纹分为四方八区，分别为青龙配朱雀、玄武配白鹿、白虎配瑞兽、熊配瑞兽。其外一周铭文："作佳镜才（哉）真大蘭，容貌甚好贵人观，上有芩（禽）守（兽）相因连，涷治铜锡自生文。"镜缘饰一周锯齿纹及勾连云气纹。此镜铭文少见。

清爱堂藏镜

071. "昭君"羽人禽兽博局镜　汉

直径14.1厘米，缘厚0.5厘米，重445克

圆形，圆钮，圆钮座。钮座单线方框内饰简易云气纹，凹面方框与单线方框间饰珠点和短线纹。博局纹将主纹分为四方八区，共两组不同纹饰组合，羽人配蛟龙、羽人配雀鸟，隔钮对置，其外一周铭文："作佳铜哉真大闾，容貌甚好贵人观，昭君眉目白黑分，疾王重古（？）宜子。"镜缘饰一周锯齿纹和一周勾连云气纹。

清爱堂藏镜

072. "作佳镜"白虎芝草博局镜 汉

直径14.2厘米，缘厚0.5厘米，重496克

圆形，圆钮，圆钮座。钮座单线方框与凹面方框中饰有十二枚乳丁相间十二地支铭。博局纹将主纹分为四方八区，除一区饰有白虎外，其余均饰灵芝鲜草。其外一周铭文："作佳镜哉真大好，上有仙人不知老，渴饮澧（醴）泉饥食枣，浮游天下敖（遨）三（四）海，寿幣（敝）金石为国保（宝）。晨起壮（妆），朝兄嫂。"镜缘饰一周锯齿纹和勾连云气纹。此镜纹饰较特殊，铭文结句也很特别，有待进一步考证。

073. "凤凰集"铭博局镜 汉

直径18.6厘米，缘厚0.6厘米，重945克

圆形，圆钮，圆钮座。钮座单线方框与凹面方框中饰有十二枚乳丁相间十二地支铭。博局纹将主纹分为四方八区，分别为青龙配羽人、玄武配雀鸟、白虎配独角兽、朱雀配雏鸟。其外一周铭文："福禄进，日以前，食玉英，饮澧（醴）泉，驾非（飞）龙，乘浮云，白虎引，上大山，凤皇（凰）集，见神鲜（仙），保长命，传子孙。"镜缘饰一周锯齿纹和缠枝叶纹。

074. "铜治佳镜"禽兽博局镜　汉

直径15.7厘米，缘厚0.6厘米，重586克

圆形，圆钮，柿蒂纹钮座。博局纹将主纹分为四方八区，分别为青龙配
独角兽、朱雀配雏鸟、双头兽配雏鸟、朱雀配羽人。其外一周铭文：
"调（雕）治佳镜子孙息，多贺君家受大福，官位尊二。"镜缘饰一周
锯齿纹和勾连云气纹。此镜双头兽纹饰较少见。

109

清爱堂藏镜

075. "上大山"四神博局镜　汉

直径14.2厘米，缘厚0.4厘米，重398克

圆形，圆钮，圆钮座。博局纹将主纹分为四方八区，分别为青龙配羽人、白虎配羽人、朱雀配禽鸟、龟与龟（当为玄武）。其外一周铭文："上大山，见神人，食玉央（英），饮澧（醴）泉，驾交（蛟）龙，乘浮云，宜官秩，保子孙，寿万年"。镜缘两周锯齿纹间置双线水波纹。

076. "上大山"禽兽博局镜 汉

直径17.1厘米，缘厚0.45厘米，重755克

圆形，圆钮，圆钮座。钮座外双线凹面界格内，十二枚乳丁相间十二地支铭。博局纹将主纹分为四方八区，分别为青龙、瑞兽、白虎配天鹿、朱雀，各禽兽间饰有灵芝、仙草、云气纹。其外一周悬针篆铭文："上大山，见神人，食玉英，饮澧（醴）泉，驾交（蛟）龙，乘浮云，宜子孙，长"。镜缘饰一周锯齿纹及勾连云气纹。

077．"上大山"四神博局镜 汉

直径14.3厘米，缘厚0.5厘米，重472克

圆形，圆钮，圆钮座。钮座外双线凹面界格内，十二枚乳丁相间十二地支铭。博局纹将主纹分为四方八区，分别为羽人戏青龙、朱雀配朱雀、白虎配瑞兽、玄武配独角兽。其外一周铭文："上大山，见神鲜（仙），食玉央（英），饮澧（醴）泉，驾蜚（飞）龙，乘浮云，宜官秩，保子孙，贵富昌，宜侯"，铭文漏一字"王"。镜缘饰一周锯齿纹及勾连云气纹。

清爱堂藏镜

078. "汉有名铜"瑞兽博局镜　汉

直径14.3厘米，缘厚0.4厘米，重403克

圆形，圆钮，圆钮座。钮座外一圈凹面方框，钮座与方框间饰以简化云纹。博局纹将主纹分为四方八区，分别为青龙配瑞兽、白虎配雀鸟、朱雀配瑞兽、瑞兽配瑞兽。其外一周铭文："汉有名同（铜）出丹阳，用之为镜青（清）而明，八子九孙治中央。"镜缘饰一周锯齿纹及勾连云气纹。

清爱堂藏镜

079-1. "汉有善铜"四神博局镜　汉

直径16.6厘米，缘厚0.5厘米，重570克

圆形，圆钮，圆钮座。钮座单线方框与凹面方框中饰有十二枚乳丁相间十二地支铭。博局纹将主纹分为四方八区，分别为青龙配羽人、玄武配雀鸟、白虎配独角兽、朱雀配瑞兽。其外一周铭文："汉有善铜出丹阳，和以银锡清且明，左龙右虎主三（四）彭（方），朱爵（雀）玄武顺阴阳，八子九孙治中央。居无耆（嗜）欲起雒阳。"主纹外饰一圈栉齿纹，镜缘饰一周饰锯齿纹及剔地平雕四神纹。此镜与079-2镜铭文前六句相同，但后者最后多出二句为："家常大富宜君王，千秋万岁乐未央。"这对此镜铭文的通读和解释具有很大的帮助。

079-2. "汉有善铜"四神博局镜　汉

直径19.6厘米，缘厚0.5厘米，重570克

080. "尚方"铭博局镜 汉

直径17.7厘米，缘厚0.5厘米，重536克

圆形，圆钮，圆钮座。钮座外双线凹面界格内，十二枚乳钉相间十二地支悬针篆文环绕排列。博局纹将主纹饰分为四方八区，分别为青龙配雀鸟、玄武配羽人雀鸟、白虎配蟾蜍、朱雀配雀鸟。其外一周铭文："尚方作镜大巧，上有山人不知老，渴饮玉泉饥食枣，金石"。镜缘两周锯齿纹间双折线纹。

081. "汉有善铜"四神博局镜　汉

直径19.0厘米，缘厚0.5厘米，重1026克

圆形，圆钮，圆钮座。钮座外九枚圆座乳丁和简化云气纹相间环绕，外置凹面方形界格，其间装饰云气纹，博局纹将主纹分为四方八区，分别为羽人配青龙、白虎配瑞兽、玄武配瑞兽、朱雀配吉羊。其外一周铭文："汉有善铜出丹阳，已（以）和银锡青（清）且明，左龙右虎主三（四）彭（方），八子九孙治中英（央），置之镜上宜文章，千秋万岁宜。"镜缘饰一周锯齿纹及勾连云气纹。

082. "尚方佳镜"四神博局镜　汉

直径13.7厘米，缘厚0.5厘米，重440克

圆形，圆钮，柿蒂纹钮座。钮座外为双线凹面界格。博局纹将主纹分为四方八区，分别为青龙捧金乌（太阳）配鸾鸟羽人、朱雀配羽人骑鹿、白虎捧蟾蜍（月亮）配独角兽、玄武配羽人禽鸟。其外一周铭文："尚方佳镜真大好，上有仙人不知老，渴饮玉泉饥食枣，浮游天下敖（遨）三（四）海，寿如今（金）石之天保，乐兮。"镜缘饰一周锯齿纹及勾连云气纹。

083. "尚方"禽兽博局镜　汉

直径17.8厘米，缘厚0.5厘米，重642克

圆形，圆钮，圆钮座。钮座外双线凹面界格内，十二枚乳丁相间十二地支铭。博局纹将主纹分为四方八区，分别为青龙配吉羊、朱雀配独角兽、白虎配朱雀、羽人骑鹿配朱雀。其外一周铭文："尚方作竟（镜）真大巧，上有仙人不知老，渴饮玉泉饥食枣，浮由（游）天下"。镜缘饰两周锯齿纹相间双线水波纹。

084.　"新兴"四神博局镜　汉

直径21.0厘米，缘厚0.6厘米，重1400克

圆形，圆钮，圆钮座。其外单线方框与凹面方框间置十二枚乳丁相间十二地支铭，两条弦纹将主纹分为三区，内置四个T形纹，两侧分饰两枚内向八连弧座乳丁，T形纹上置火焰状云气纹。凹面方框的四个角分别饰两个背飞的雀鸟。中区篆书铭文为："新兴辟雍建明堂，然于举土列侯王，将军令尹民户行，诸生万舍左〈在〉北方，郊祀星宿并共〈天〉皇，子孙复〈备〉具治中央"。外区羽人、禽兽配置在LV纹之间，分别为羽人驾龙、羽人献芝草、玄武配兽、独角长胡兽、长胡白虎、独角兽、朱雀、瑞兽。镜缘饰一周锯齿纹及勾连云气纹。该镜直径超过20厘米，在"新兴铭"博局镜中较为少见，铭文字体古朴典雅，浑厚有力，纹饰构图标新立异，线条流畅，铸造精良。

清爱堂藏镜

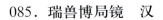

085. 瑞兽博局镜　汉

直径12.0厘米，缘厚0.5厘米，重302克

圆形，圆钮，柿蒂钮座，钮座外为双线凹面方界格。博
局将主纹分成四区，各区分别装饰一瑞兽。镜缘凹槽内
装饰半月栉齿纹及珠点纹。

086. 瑞兽博局镜　汉

直径13.0厘米，缘厚0.5厘米，重411克

圆形，圆钮，柿蒂钮座。博局纹将主纹分成四方八区，分
别为青龙配羽人、白虎配吉羊、朱雀配羽人、瑞兽配雀
鸟。镜缘凹槽内装饰双线锯齿纹。

087. 禽兽博局镜　汉

直径13.7厘米，缘厚0.4厘米，重345克

圆形，圆钮，柿蒂钮座。单线方格与凹面方格间置斜线纹较为少见。
博局纹将主纹分成四方八区，分别为羽人戏青龙、带翅瑞兽配朱雀、
神马配瑞兽、金蟾配玄武。镜缘凹槽内装饰双线锯齿纹。此镜羽人禽
兽形态突出，线条流畅，画面简洁，艺术性极强。

 088．禽兽博局镜　汉

直径10.4厘米，缘厚0.4厘米，重195克

圆形，圆钮，圆钮座。钮座外围一周凹面方框。博局纹将主纹分成四方八
区，分别为瑞兽配羽人、朱雀配羽人、正面兽配羽人、朱雀配朱雀。镜缘采
用剔地平雕技法分别饰以九尾狐、神鸟、羽人对拜、双鱼、瑞兽等。此镜从
里到外，相映成趣。主纹饰禽兽稚拙憨厚，镜缘纹饰凸宽厚实，尽显奇特。

089. "宜君王"四神博局镜　汉

直径14.7厘米，缘厚0.5厘米，重456克

圆形，圆钮，圆钮座。钮座外九枚圆座乳丁，其间饰铭文"宜君王，乐未央，大富昌"。外双线圆圈切凹面方形界格，其间铭文"长宜子孙"。博局纹将主纹分为四方八区，分别为青龙配羽人雀鸟、朱雀配瑞兽、白虎配独角兽、玄武配瑞兽。镜缘一周锯齿纹、双圈带纹及双线水波纹。

清
爱
堂
藏
镜

090. "宜子孙"禽兽博局镜　汉

直径16.1厘米，缘厚0.6厘米，重680克

圆形，圆钮，柿蒂纹钮座。钮座外九枚圆座乳丁和简化云气纹相间环绕，内置铭文"长宜子孙"。圆线圈外切凹面方形界格，其间装饰花叶云气纹。博局纹将主纹分为四方八区，分别为青龙配瑞兽、白虎配瑞兽雀鸟、瑞兽配瑞兽雀鸟、朱雀配独角兽。镜缘饰一周锯齿纹相间连珠纹及一周勾连变形云气纹。

091. 禽兽博局镜　汉

直径16.1厘米，缘厚0.6厘米，重575克

圆形，圆钮，柿蒂纹钮座。钮座外为双线凹面界格。博局纹将主纹分为四方八区，分别为天鹿配瑞兽、白虎配瑞兽、朱雀配瑞兽、羽人配瑞兽。主纹外装饰一圈凹面圈带及栉齿纹。镜缘饰一周剔地平雕抽象的禽兽纹。此镜主题纹饰也有特色，朱雀神采斐然。尤其是镜缘图纹，似禽似兽又似祥云，创意别致，极富想象的空间。

清爱堂藏镜

092. 云纹博局镜　汉

直径13.2厘米，缘厚0.5厘米，重368克

圆形，圆钮，圆钮座。钮座与外围凹面方框之间饰云纹，博局纹将主纹分成四方八区，每区饰简云纹，外周一圈光芒纹，镜缘内侧置锯齿纹，外侧一圈饰剔地平雕工艺神兽纹，分别为青龙、白虎、朱雀、玄武以及青鸟、大象。此镜纹饰布局采用圆圈分割，双线大形三角圈带，镜缘纹饰丰富，构图少见。

清爱堂藏镜

093. 瑞兽博局镜　汉

直径10.6厘米，缘厚0.5厘米，重288克

圆形，圆钮，柿蒂钮座。钮座外为双线凹面方界格。博局
将主纹分成四区，每区装饰青龙、白虎、狮子、瑞兽。镜
缘凹槽内饰一周双折线锯齿纹及珠点纹。

094. 四神博局镜　汉

直径13.9厘米，缘厚0.4厘米，重355克

圆形，圆钮，柿蒂钮座。博局将主纹分成四区，四神各居一区，躯体分别穿过"T"、"L"纹。青龙身躯修长作奔驰状，龙头前方一倒置的长颈瑞兽头，四周云气环绕，飞鸟穿行。白虎身长羽翅，正前方一小熊手舞足蹈，幽默滑稽。朱雀嘴含仙丹，亭亭玉立。玄武闲庭信步，小鹿欢雀跳跃。整幅画面结构紧凑，繁复华丽。素宽缘。

095. 五乳禽兽镜 汉

直径11.4厘米，缘厚0.6厘米，重290克

圆形，圆钮，圆钮座。五枚圆乳分别相间羽人、朱雀、青
龙、朱雀、天鹿。镜缘两周锯齿纹间一周折线锯齿纹。

096．六乳四神镜　汉

直径13.0厘米，缘厚0.65厘米，重295克

圆形，圆钮，圆钮座。其外四圈单线弦纹间饰一周凸弦纹。六枚乳丁分别相间白虎、吉羊、白鹿、青龙、朱雀及长鼻兽。镜缘饰一周S形云气纹。

097. 六乳四神镜　汉

直径20.3厘米，缘厚0.85厘米，重1128克

圆形，圆钮，圆钮座。钮座外环绕九枚乳丁相间花叶纹及"宜子孙"三字
铭文。主纹由六枚四叶纹座乳丁与羽人禽兽相间环绕构成。分别为青龙、
白虎、朱雀、玄武、羽人、白鹿。其中羽人持弓射向腾空跃起的白鹿，这
种纹饰在汉镜中非常少见。镜缘为变形的禽兽及云纹图案。

098. "尚方御镜"七乳四神镜　汉

直径23.6厘米，缘厚0.55厘米，重1090克

圆形，圆钮，圆钮座。钮座周围环绕九枚圆座乳丁，其间饰芝草纹及"宜子孙"三字铭。七枚乳丁将主纹分为七区，每区分别为青龙配雀鸟、瑞兽配雀鸟、玄武配雀鸟、独角兽配雀鸟、白虎守芝草、羽人骑鹿配雀鸟、朱雀衔芝草。其外一周铭文："尚方御竟（镜）大毋（无）伤，巧工刻娄（镂）成文章，左龙右虎辟不详（祥），朱鸟玄武调阴阳，子孙备具居中央，长保二亲乐富昌，寿敝今（金）石如疾王。"镜缘饰一周锯齿纹及勾连云气纹。七乳镜带"尚方御镜"铭较为少见，此镜尺寸之大则更为少见。

清爱堂藏镜

099. 同模"上大山"七乳玄武镜　汉

直径14.3厘米，缘厚0.45厘米，重437克（左）、351克（右）

圆形，圆钮，圆钮座。钮座下压着一只浮雕玄武，巧妙地将镜钮设计成玄武的龟背，龟头侧仰，口舌微张，龟尾卷曲，四肢张舞，怒目圆睁，旁边缠绕的灵蛇则盘曲卷绕在神龟周围，显得相对娇弱。神龟灵蛇，刚柔并济、阴阳调和。玄武之外两旋纹间环绕七枚圆座乳丁，其间装饰简化云气纹。其外一周悬针篆铭文："上大山，见神人，食玉英，饮澧（醴）泉，驾交（蛟）龙。"镜缘饰一周锯齿纹及勾连云气纹。此二镜中心纹饰以玄武为主题的配置及形态均少见，且为同模镜，甚为难得。

100. 七乳四神镜　汉

直径19.8厘米，缘厚1.1厘米，重1051克

圆形，圆钮，圆钮座。钮座外环绕九枚圆座乳丁，相间花叶纹及"宜子孙"三字铭文。主纹分别为戴胜西王母、玄武、羽人、青龙、朱雀、白虎、瑞兽图案。镜缘饰一周锯齿纹及一周剔地平雕禽兽纹，分别为青龙、雀鸟、羽人、瑞兽、熊、灵狐、玄武、瑞兽等纹饰。此镜动物纹饰刻画精细，栩栩如生，形神兼备。西王母及神人清晰毕现，飘逸洒脱，细微处渗透出一种仙风道骨的神仙风韵。

101. 七乳乐舞神兽镜 汉

直径23.0厘米，缘厚1.1厘米，重1763克

圆形，圆钮，圆钮座。钮座外环绕九枚圆座乳丁，相间卷云纹及"宜子孙"三字铭文。七枚乳丁将主纹分为七区，分别为两羽人击建鼓图、羽人神兽铙歌图、青龙吹排箫羽人盘舞图、羽人神兽杂戏图、羽人吹笙抚琴图、羽人吹箫鼗鼓图、羽人六博图。镜缘饰一周剔地平雕神兽纹，分别为青龙、白虎、朱雀、玄武、九尾狐、大鱼、豪猪、玉兔、灵龟、羽人、太阳、月亮、仙山等纹饰，内容繁博，刻画细腻。汉代乐舞是一个广收并蓄，融合众技的时代，舞蹈受杂技、幻术、角抵、俳优的影响向高难度发展，丰富了传情达意的手段，扩大了舞蹈的表现能力，它既有"罗衣从风，长袖交横"飘逸美妙的舞姿，又有"浮腾累跪，跗蹋摩跌"高超的技巧。此镜场景则真实展现出了汉代统治阶层乐舞杂技博戏娱乐的真实场面，相当珍贵。

清
爱
堂
藏
镜

101. 七乳乐舞神兽镜局部 汉

清爱堂藏镜

101. 七乳乐舞神兽镜局部　汉

102. 七乳神兽镜 汉

直径18.2厘米，缘厚0.7厘米，重568克

圆形，圆钮，圆钮座。七乳将主纹分为七区，分别饰有羽人、二组蚩尤、二组独角兽、虎和熊，其中一蚩尤左手持钩镶右手持剑翩翩起舞，另一蚩尤右手持剑左手持盾杀气腾腾，两组纹饰相对少见。还有一组虎和熊分别用链子拴在柱子上，《古镜今照》第106号铜镜有同样的内容，且有榜题为"熊戏虎"，纹饰更是少见。画纹带缘，饰有白虎、朱雀、九尾狐、羽人、青龙、玄武、鱼。

清爱堂藏镜

103. 七乳乐舞神兽镜　汉

直径16.3厘米，缘厚0.5厘米，重521克

圆形，圆钮，圆钮座。钮座外环饰九枚圆座乳丁相间简化云气纹及"常宜子"三字铭文。一圈栉齿纹外环一周铭文："新有善铜出丹阳，涷治银锡清而明，左龙右虎掌三（四）彭（方），朱鸟"，文中"新"即为王莽篡汉建立的"新"朝。七乳将主纹分为七区，每一区均有神兽乐舞纹饰，分别为瑞兽击铙、青龙吹排箫、瑞兽抚瑟、羽人起舞、二熊对舞、朱雀煽情、鸾鸟飞舞七个场面。镜缘饰一周锯齿纹及勾连云气纹。瑞兽造型生动，形态各异，线条严谨洗练，却不失艺术的美感，为新莽时期的上乘之作。

104. "角王巨虚"七乳四神镜　汉

直径14.3厘米，缘厚0.4厘米，重403克

圆形，圆钮，圆钮座。钮座外环饰九枚圆座乳丁间饰芝草纹，其外一周铭文："角王巨虚日得憙（喜），上有龙虎三（四）时宜。"主纹置于两圈栉齿纹带中，七枚乳丁将主纹分为七区，每区分别为青龙、羽人戏鸟、玄武、独角兽、白虎、瑞兽、朱雀。镜缘饰一周锯齿纹及勾连云气纹。角王巨虚铭文少见。

105．七乳神兽镜　汉

直径16.5厘米，缘厚0.6厘米，重710克

圆形，圆钮，圆钮座。钮座外九枚乳丁相间云气纹，主纹为七枚
乳丁分别相间青龙、羽人、人面兽、雀鸟、白虎、白鹿、瑞兽。
镜缘饰一周变形的瑞兽及凤鸟图案。

106．八乳乐舞杂戏镜　汉

直径20.4厘米，缘厚0.65厘米，重989克

圆形，圆钮，圆钮座。钮外饰九乳丁间隔云气纹和"长□宜子孙"五字铭文。八枚乳丁将主纹分为八区，分别为羽人引龙吹奏排箫图、羽人神兽击铙图、玄武图、朱雀起舞图、羽人六博图、羽人吹笙抚琴图、羽人神兽杂技图、白虎捧月图。镜缘为剔地平雕神兽纹，饰有青龙、羽人、雀鸟、玄武、大鱼、白虎、灵龟、朱雀、九尾狐等神兽纹饰。此镜为八乳，在汉镜中较为少见。

清爱堂藏镜

107. "王氏" 八乳禽兽镜　汉

直径16.8厘米，缘厚0.5厘米，重660克

圆形，圆钮，圆钮座。钮外八乳相间云气纹。主纹八枚乳丁分别相间羽人、朱雀、青龙、玄武、二瑞兽、蛇和人面鸟身神。其外一周铭文："王氏作镜三（四）夷服，多贺新家人民息，风雨时节五谷孰（熟），长保二亲天下力，传告后世乐无极，□。"镜缘一周锯齿纹及云气纹。此镜内外两周八乳较为少见。

108. 半圆方枚神兽镜 汉

直径10.9厘米，缘厚0.3厘米，重176克

圆形，圆钮，圆钮座。主纹作高浮雕，由环绕镜钮一周神态各异的四瑞兽构成。神兽刻画细致入微，形象生动活泼，显得凶悍异常，外圈相间排列着厚而凸起饰有四瓣花叶的半圆及带铭文的方枚，每方枚上铸单字铭文"吾作明竟（镜），幽涑三刚，大吉。"环带内饰有点状纹饰。其外一周半月纹，再外饰一周锯齿纹。镜缘装饰一周变形菱形及变形勾连云气纹带。

109. "天王日月" 神兽镜　汉

直径13.0厘米，缘厚0.5厘米，重282克

圆形，圆钮，圆钮座。主纹为三神三兽相间环绕，三神人分别侧身而座，两侧环状乳上各站一侍者，三神兽口中衔巨，回首顾望，神情威猛飘逸。主纹外饰一周半圆方枚，其上各有一字，分别为天、王、日、月，重复三次。镜缘纹饰内侧分别为六龙驾舟、神人捧日、凤鸟飞天、瑞兽狂奔，外侧饰一周变形云气纹。

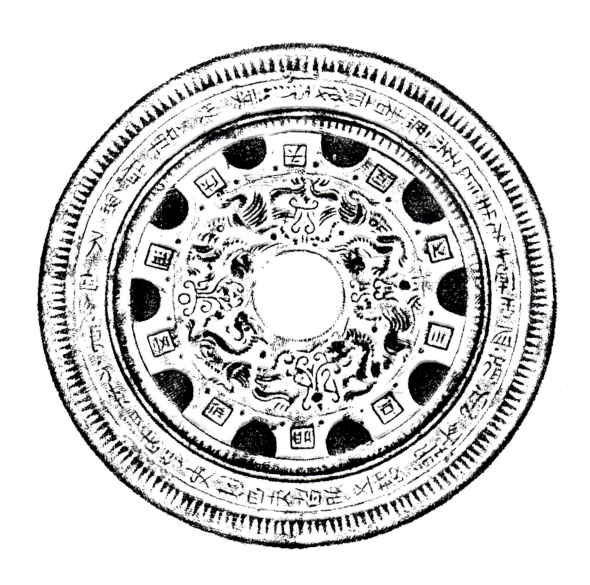

110. 半圆方枚神兽镜　汉

直径9.8厘米，缘厚0.2厘米，重147克

圆形，圆钮，圆钮座。主纹分为两区，内区为四只高浮雕嬉戏玩耍的神兽围绕钮座，每兽间置一异形花篮。外区有一周半圆方枚带，方枚上各有一字："吾作明镜三大宜天伏清"，镜缘内侧一周铭文："汉世章程，无不自成，万方来朝，九夷吏（使）封，四夷皆服，五谷孰（熟）成，贤圣并至，博士先生，长保庶者，而后记。"外侧为一周栉齿纹。此镜铭文特殊，研究价值较高。

111．四乳羽人瑞兽镜　汉

直径9.9厘米，缘厚0.6厘米，重198克

圆形，圆钮，圆钮座。钮座外饰一圈竹节椭珠纹。四枚圆座乳丁将主纹分为四区，分别饰浅浮雕羽人、青龙、白虎以及玄武。主纹外装饰一圈栉齿纹。镜缘一圈变形勾连云气纹。

112. 四乳羽人瑞兽镜　汉

直径11.4厘米，缘厚0.8厘米，重359克

圆形，圆钮，圆钮座。钮座外四枚四叶座乳丁将主纹分为四区，分别
饰浅浮雕带翼羽人、青龙、白虎以及朱雀，其中带翼羽人手持节杖，
似在逗引青龙。主纹外一圈栉齿纹。镜缘一圈变形勾连云气纹。

113. "三羊"四乳四神镜　汉

直径14.4厘米，缘厚0.8厘米，重407克

圆形，圆钮，圆钮座。四枚乳丁将主纹分为四区，每区分别饰浅浮雕羽人、吉羊、白虎、朱雀。主纹外置一圈铭文："三羊作竟（镜）真大巧，上有山（仙）人不知老兮。"三角缘内侧饰一周剔地平雕青龙、白虎、瑞兽、九尾狐等神兽。

114. 四乳单凤镜　汉

直径9.1厘米，缘厚0.45厘米，重135克

圆形，圆钮，圆钮座。主纹为高浮雕单凤纹、单凤体型丰满莹
润，身体压于钮下，毛羽刻画细腻，造型生动别致。主纹配置了
四枚乳丁，边饰一周锯齿纹。三角缘。

115. 四乳双凤镜　汉

直径9.0厘米，缘厚0.6厘米，重145克

圆形，圆钮，圆钮座。主纹为两只凤鸟交颈缠绕，身躯压于镜钮之下融为一体，难分雌雄。边饰一周锯齿纹。三角缘。在汉代画像石里，表现男女爱情的内容常常以伏羲、女娲、双龙接尾、凤鸟交颈等图作为代替，此镜图案和表现手法与汉画像石有同工异曲之处。

116．"袁氏"瑞兽画像镜　汉

直径14.3厘米，缘厚0.6厘米，重288克。

圆形，圆钮，圆钮座。主纹为四枚乳丁分别相间浅浮雕青龙、白
虎、瑞兽、白鹿。白鹿胸前置一"富"字。主纹外一周铭文："袁
氏乍（作）竟（镜）真大巧，青龙在左白虎居右，山（仙）人王高
（乔）赤容（松）"。双线水波纹缘。

117. "铚氏"五乳神兽镜　汉

直径16.0厘米，缘厚0.7厘米，重426克

圆形，圆钮，圆钮座。五枚内向八连弧乳丁将主纹分为五区，每区分别饰白虎、白鹿、辟邪、瑞兽、羽人，均为浅浮雕工艺。主纹外一周铭文："铚（郅）氏作竟（镜）真大巧，上有仙人不知老，白虎在左辟耶居右，白鹿怒走万里千兮。"边饰两周栉齿纹间一周双线水波纹。三角缘。

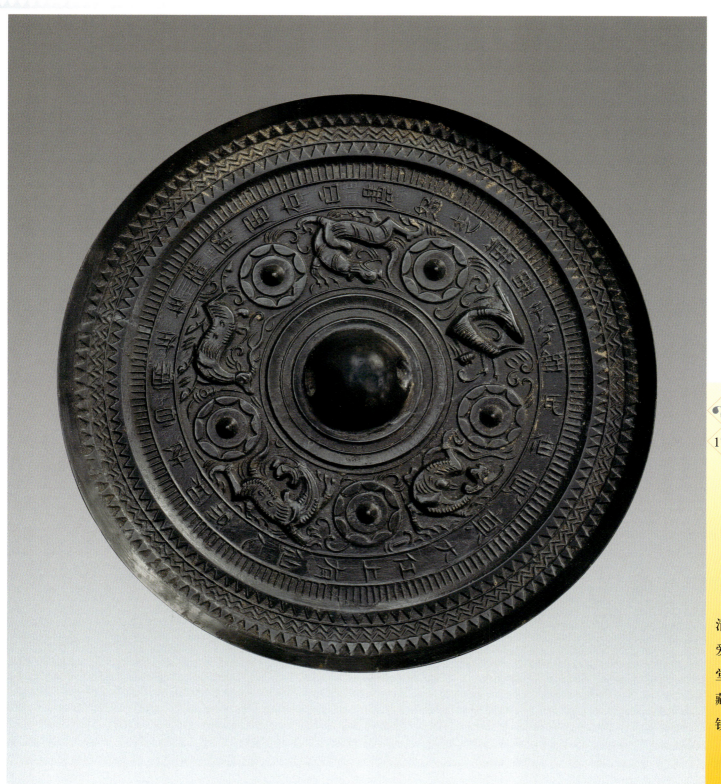

118."上方"画像镜 汉

直径14.8厘米，缘厚0.5厘米，重308克

圆形，圆钮，圆钮座。四枚圆座乳丁将主纹分为四区，分别饰以两组对坐仙人、以及白鹿、白虎。白虎四肢雄健，回首怒吼，奋蹄疾驰，形象生动逼真，白鹿昂首翘尾，扬蹄奔腾，形象卡通。踞坐人物头带法冠，相向对坐，似在交谈，又似在博弈。主纹外环一周铭文："上（尚）方作竟（镜）自有己（纪），余（除）去不羊（祥）宜古（贾）市兮。"边缘为一周锯齿纹和双线水波纹。三角缘。

清爱堂藏镜

119．"劉氏"画像镜　汉

直径14.7厘米，缘厚0.7厘米，重360克

圆形，圆钮，圆钮座。外绕一周连珠纹。四枚圆座乳丁将主纹分为四区，分别饰以东王公、西王母、青龙、白虎。东王公头戴法冠端坐一区，旁有一仙人持镜跪侍；其相对位置西王母发髻高翘端坐，前有一仙人持便面跪侍；青龙与白虎对置，体态健硕，昂首阔步，形态威武，气势不凡。主纹外绕一周铭文："劉氏作竟（镜）真大巧，上有东王公，西王母，宜子孙，师命长。"边缘为一周锯齿纹及变形云气纹。三角缘。

120. "田氏"画像镜　汉

直径16.8厘米，缘厚0.75厘米，重500克

圆形，圆钮，圆钮座，钮座外一圈珠点及圈带纹。四枚珠点圆座乳丁将主纹分为四区，分别饰以东王公、西王母以及两只瑞兽。瑞兽回首嘶吼，翘尾扬爪。东王公与西王母左右各站立二仙人，分别服侍二神。主纹外环一周铭文："田氏作竟（镜）真大巧，上有山（仙）人不知老，渴饮玉泉饥食枣。"边缘饰一周锯齿纹及变形卷云纹。三角缘。

183

121．"劉氏"画像镜　汉

直径18.2厘米，缘厚0.9厘米，重702克

圆形，圆钮，圆钮座。钮座外一圈珠点纹。四枚内连弧圆座乳丁将主纹分为四区，分别饰以东王公、西王母以及香薰、瑞兽。主纹外环一周铭文："劉氏作竟（镜）世少有，东王公、西王母、仙人子高（乔）、赤诵（松）子，为吏高宜孙子"。铭文中的"子乔赤诵子"指的就是王子乔与赤松子，均为得道仙人。镜缘饰两周锯齿纹及双线水波纹。三角缘。

清
爱
堂
藏
镜

 122."青盖"画像镜 汉

直径21.0厘米，缘厚1.0厘米，重1036克

圆形，圆钮，圆钮座。钮座外一圈珠点纹。四枚内向连弧纹座乳丁将主纹分为四区，分别饰以东王公、西王母以及两只辟邪。辟邪四肢矫健，腾空回首怒吼。踞坐人物中，带三山冠者为东王公，高发髻者为西王母，东王公与西王母左右两边分别站立两仙人服侍二神。人物刻画清晰，衣襟褶皱自然，沉稳端庄，表现出一派怡然自得的仙境场景。外环一周铭文："青盖作竟（镜）世中未曾有，东王公、西王母，仙人、辟（邪）奉之（芝）草，服此镜者寿命长分大吉利。"镜缘为两周锯齿纹间一周变形流云纹。三角缘。

清
爱
堂
藏
镜

123. "子胥"画像镜　汉

直径19.6厘米，缘厚0.9厘米，重767克

圆形，圆钮，圆钮座。四枚圆座乳丁将主纹分为四区，每区饰以高浮雕人物。第一组吴王夫差坐在幔帐内王榻之上，左手举起，面容不悦，榜题"吴王"。第二组伍子胥须眉怒竖，昂首瞋目，手持长剑置于颈下，作自刎状，榜题"子胥"。第三组为越王勾践和范蠡，越王持节而立，范蠡席地而坐，左手持笏板高举，榜题"线（践）王"，第四组是着长裙相立的二女，应为西施、郑旦。圈带铭文为："周仲作竟（镜）四夷服，多贺国家人民息，胡虏殄灭天下复，风雨时节五谷孰（熟），长保二亲得天力，传告后世乐无极。"镜缘饰两周锯齿纹间一周折线纹。此镜再现了越国君臣策划谋吴、奉献美女、吴王夫差拒谏、并赐死伍子胥的历史场景。

清 爱 堂 藏 镜

124. 神人车马画像镜　汉

直径20.0厘米，缘厚1.05厘米，重783克

圆形，圆钮，圆钮座。钮座外一圈珠点纹。四枚乳丁将主纹分为四区，分别饰以东王公、西王母、车马及白虎，高浮雕纹饰。东王公着冠宽服，侧身而座，侍女仙人各居两旁。西王母神态安详，端庄而座，侍女舒展长袖，翩翩起舞。正面白虎滑稽幽默，憨态可掬，四匹马车齐驱并驾。边区为变形的虎纹带。三角缘。

清爱堂藏镜

125. 瑞兽画像镜　汉

直径21.6厘米，缘厚0.9厘米，重1285克

圆形，圆钮，圆钮座。钮座下压一白虎，呲牙瞪眼，屈身挣扎，外置矩形双线界格。四枚圆座乳丁将主纹分为四区，分别设置高浮雕青龙、朱雀、白虎、瑞兽，其间装饰雀鸟、简云纹。边缘饰一周锯齿纹及青龙、九尾狐、白虎、羽人、朱雀等瑞兽构成的剔地平雕圈带纹。

126. "李氏"神人车马画像镜　汉

直径20.9厘米，缘厚1.0厘米，重794克

圆形，圆钮，圆钮座。钮座外一圈珠点纹。四枚乳丁将主纹分为四区，两组纹饰相同的四马拉车隔钮分置一区，另两区端坐神人应为东王公、西王母。近缘一周铭文："李氏作竟（镜）四夷服，多贺人民息，胡虏殄灭天下复，风雨时节五谷孰（熟），长保兮。"逆时针书写较少见。一周变形瑞兽缘。

127. 神人瑞兽画像镜　汉

直径17.0厘米，缘厚0.8厘米，重406克

圆形，圆钮，圆钮座。双线方格内饰简云纹。四枚乳丁将主纹分为四区，分别为东王公头戴三山冠端坐、二羽人跪侍左右；其相对为西王母戴法冠端坐、二羽人跪侍左右；二瑞兽对置，威猛无比。边缘一圈锯齿纹。三角缘。

128. 禽兽画像镜 汉

直径18.5厘米，缘厚0.7厘米，重579克

圆形，圆钮，柿蒂纹钮座。四枚乳丁将主纹分为四区。每区分别饰有
高浮雕雀鸟逗青龙、羽人戏朱雀、羽人搏白虎以及天马奔腾四组图
案。主纹外饰一圈栉齿纹，镜缘饰一周剔地平雕云气纹。三角缘。此
镜神兽造型生动，刻画流畅，三层浮雕叠加，立体感极强。

129. "长宜子孙"瑞兽画像镜 汉

直径18.7厘米，缘厚0.6厘米，重570克

圆形，圆钮，圆钮座。座外饰一周圈带椭圆圈纹，其外置矩形双线界格，内铭"长宜孙子"四字。四枚圆座乳丁将主纹分为四区，分别为青龙、朱雀、白虎、瑞兽。边缘饰三角锯齿纹和变形青龙、白虎、朱雀、瑞兽、灵蛇等构成的剔地平雕带纹。

清 爱 堂 藏 镜

130. "孟氏"龙虎镜　汉

直径12.3厘米，缘厚0.9厘米，重435克

圆形，圆钮，圆钮座。主纹为高浮雕龙虎对峙纹，龙虎张嘴吐舌，粗壮强健的身躯盘绕于钮下。外围一周铭文："孟氏作竟（镜）真大工，湅治五金而清明，四夷服之富贵昌，子孙备具侍中英（央），世世寿万年。"镜缘一周锯齿纹及双线水波纹。

131. "劉氏"龙虎镜 汉

直径14.2厘米，缘厚0.9厘米，重455克

圆形，圆钮，圆钮座。主纹为高浮雕两龙一虎，三兽强健，缠压于钮下，其
中两兽张口，威猛无比。近缘一周铭文："劉氏作竟（镜）四夷服，多贺国
家人民息，胡虏殄灭下复，风雨时节五谷孰（熟），长保二亲得天力，传告
后事乐无极。"镜缘两周锯齿纹间一周双线水波纹。

清
爱
堂
藏
镜

132. 单龙镜　汉

直径13.3厘米，缘厚1.0厘米，重602克

圆形，圆钮，圆钮座。主纹内盘绕着一只翱翔的苍龙，龙口大
张，两角后耸，四肢开张，矫健粗壮。镜缘饰一周勾连云气纹。

清
爱
堂
藏
镜

133. "胡氏作"龙虎镜 汉

直径13.1厘米,缘厚0.9厘米,重580克

圆形,圆钮,圆钮座。高浮雕龙虎对峙。龙虎张牙舞爪,躯体缠绕于钮下,正下方两羽人在悠闲捣药,一只龙角伸出界外,作为铭文的起始符:"胡氏作镜世少有,仓(苍)龙在左白(虎)居右,胡虏殄灭却万里,为吏高升贾万倍,辟去不详(祥)利孙子,山(仙)人王侨赤诵(松)子。"铭文逆时针书写较特殊。边缘为剔地平雕画纹带,饰有羽人、瑞兽、独角兽、双鱼、飞鸟、九尾狐、大力士、牛角兽和大象。此镜边缘纹饰丰富,禽兽变形夸张。

134. "长宜子孙"连弧纹镜　汉

直径14.6厘米，缘厚0.3厘米，重352克

圆形，圆钮，柿蒂纹钮座。柿蒂叶间置篆书铭文"长宜子孙"四
字，篆书字体设计独特。钮座外环绕一周扁平圈带，其外为内向
八连弧纹。宽素缘。

135. "长宜子孙"云雷纹镜　汉

直径20.8厘米，缘厚0.5厘米，重970克

圆形，圆钮，柿蒂纹钮座。柿蒂叶间置铭文"长宜子孙"四字，悬针篆书字体。钮座外栉纹圈带和扁平凸起圈带各一周，其外为内向八连弧纹，内饰简化花叶纹。外区一周细密规整的云雷纹。宽素缘。

136. "长宜子孙" 连弧纹镜　汉

直径21.8厘米，缘厚0.3厘米，重743克

圆形，圆钮，柿蒂纹钮座。四叶间置艺术体铭文"长宜子孙"四字。钮座外一周凸起圈带，其外为内向八连弧纹。连弧间置铭文"生如金石"及圈点纹。宽素缘。此镜尺寸较大，纹饰简约疏朗，文字秀美别致，独具匠心。

137. 四叶龙凤镜　汉

直径19.0厘米，缘厚0.4厘米，重665克

圆形，圆钮，圆钮座。钮外四叶纹内外各有一周字铭，分别为"长宜子孙""延寿万年"四叶外围饰有连体变形龙凤纹，两两相对。中间装饰有云气纹，外缘构成一周内向十二连弧纹，连弧及内线圈间分置日、月、云纹。此镜采用剔地平雕技法，纹饰构图疏密有致，以曲为美。素平缘。

138. 四叶龙凤镜　汉

直径21.5厘米，缘厚0.5厘米，重972克

圆形，圆钮，圆钮座。钮座外四叶纹内有铭文"延寿万年"，四叶间对称饰有两正面虎头和两只雏鸟。每叶的叶尖均置对鸟的中间，有两只鸟与两只凤连体，其余两只分别与龙和虎连体，凤尾上卷呈梅花鹿角状。近缘一周内向十二连弧纹，宽素缘。

清
爱
堂
藏
镜

139. 四神十二生肖镜 隋

直径22.0厘米，缘厚0.9厘米，重978克

圆形，圆钮。钮外一周八字铭文，"光正随人，长命宜新。"铭文之间装饰乳丁纹。主纹分内外两区，内区饰四神，神兽间布置有仙山、亭台、芝草纹饰。外区双线十二格，内置十二生肖。十二生肖及四神均为高浮雕，形态逼真，云纹补间。此类镜为十二生肖纹饰出现于铜镜最早者。其外为三角锯齿纹，斜凸素平缘。《中国青铜器全集》16卷第100号铜镜年代定为北朝，此类镜子其纹饰兼有前朝之遗风，而形制、铭文又有了新风格，较少见。

140. 宝相花镜　唐

直径18.6厘米，缘厚0.4厘米，重835克

八出葵花形，圆钮，莲花钮座。钮和座巧妙地构成了一朵盛
开的莲花。两种造型的宝相花环绕镜钮，花朵的茎叶依次勾
连向外开放，整体纹饰酷似一朵盛开的宝相花。素缘。

141. 宝相花镜　唐

直径18.6厘米，缘厚0.55厘米，重960克

八出葵花形，圆钮，圆钮座，钮座外装饰六枚放射状花朵纹。花朵外
置一周珠点纹。其外为主纹区，饰以六簇宝相花，花朵累累，或含苞
待放，或展枝怒放，造型错落有致，大气疏朗。素缘。

142. 雀鸟穿花镜　唐

直径21.7厘米，缘厚0.55厘米，重1005克

圆形，圆钮。钮外环饰三只飞舞的雀鸟翩飞在花枝间，其外主纹为六株曼陀
罗、牡丹类佛教宝相花，盛开的花朵两两相对，富丽堂皇。与其间的三只雀鸟
交相呼应，静中有动，动中有静，构成了一幅生机勃勃的图案。素缘。

清爱堂藏镜

143. 六花六鹊纹镜　唐

直径25.0厘米，缘厚0.5厘米，重1620克

八出葵花形，圆钮。钮外环绕六丛花枝，其外一周珠点纹。主纹
为六丛花枝相间六只展翅飞翔的喜鹊。素缘。

144. 簇六宝相花镜　唐

直径19.2厘米，缘厚0.5厘米，重949克

八出葵花形，圆钮，莲瓣纹钮座。钮周围饰以六朵宝相花（莲花）纹，
其中三朵含苞待放，另外三朵盛开绽放，显得雍容典雅。素缘。

145. 双鸾瑞兽镜　唐

直径27.6厘米，缘厚0.7厘米，重1915克

八出葵花形，圆钮，莲花珠点纹钮座。镜钮左右饰双鸾，口衔绶带，翘尾展翅。镜钮上端则饰一神鹿四蹄腾空，其下一朵如意祥云。镜钮下部一麒麟奋蹄疾驰，张嘴怒吼，各有一如意云飘荡前后。镜缘八瓣葵花内各饰一朵并蒂莲花纹，莲花盛开，莲子饱满。此镜体型硕大，纹饰华丽，为大唐盛世佳作。

146．月宫镜　唐

直径12.5厘米，缘厚0.8厘米，重532克

菱花形，树洞钮。左侧飞天嫦娥手持仙果，其下金蟾跳跃，中间一株桂树，镜钮藏于嶙峋树干之中；右侧为玉兔捣药，兔腿透雕。边缘纹饰区如意祥云、金蜂玉蝶间隔布置。此镜纹饰精美，人物刻画精细。

清爱堂藏镜

147. 鎏金禽兽缠枝花鸟镜　唐

直径5.7厘米，缘厚0.4厘米，重52克

六瓣菱花形，伏兽钮。两瑞兽两禽鸟相间排列，缠枝花、叶相间，纹饰通体鎏金。此镜为盛唐时期特殊工艺镜，较少见。

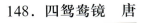

148. 四鸳鸯镜　唐

直径13.5厘米，缘厚0.7厘米，重507克

八瓣菱花式，伏兽钮。钮外放射状花枝上伫立四只鸳鸯，或展翅鸣叫，或静卧休憩。内切圆外，八瓣菱花镜缘间装饰蜜蜂折枝花纹饰。

 149. 银壳鎏金雀鸟花枝镜　唐

直径5.9厘米，缘厚0.3厘米，重45克

六出葵花形，扁圆钮。银壳为錾刻鎏金工艺，鱼籽纹铺地，缠枝花叶间分别饰两只嬉戏的雀鸟。此镜工艺特殊，存世甚少。

150. 素面镜　唐

直径10.5厘米，缘厚0.8厘米，重292克

八瓣菱花式，圆钮。钮与缘之间素平面，缘为突起的菱花状。此镜制作规整，宛如一片充满活力的花叶。虽光素无纹，却朴实典雅。

151．双鸾镜　唐

直径22.0厘米，缘厚0.6厘米，重1368克

八出葵花形，圆钮。双鸾相对于镜钮两端，口衔绶带，绶带飞舞，"长绶"象征长寿。唐玄宗诗有："更衔长绶带，留意感人深"的诗句。可见衔绶纹亦是当时的一种流行图案。两只鸾鸟各有一只脚踏在祥云上，展翅欲飞。钮上端则饰并蒂花卉纹一组，莲花盛开，莲子饱满。镜钮下端祥云托着高耸的仙山，山上郁郁葱葱的树木漫山遍野，凸显出整个画面的人间仙境。缘饰折枝花纹和云气纹。

清 爱 堂 藏 镜

152. 真子飞霜镜　唐

直径16.2厘米，缘厚0.6厘米，重684克

八出葵花形，龟钮，荷叶座。左有一人抚琴，右有鸾鸟起舞，
上有日出飞雁，下有池水山石。池中荷柄向上伸出一片荷叶为
座，叶中置一神龟为钮，构思巧妙，自然和谐。素缘。

153. 双犀花枝镜　唐

直径24.4厘米，缘厚0.65厘米，重1680克

八出葵花形，圆钮。钮两侧各置一犀牛，嘴里分别含着一枝仙草，相对而立。钮上方篱笆竹丛，两侧各一含苞待放的花枝。钮下方湖光山色，树木林立，两朵祥云飘然而至，左右两侧各一株花枝。画面古朴自然，有曲径通幽之感。

 154. "吉凶"占卜镜　唐

直径15.0厘米，缘厚0.5厘米，重355克

圆形，圆钮，圆钮座。三条弦纹线及以钮为中心的米字线条，将主纹饰分为内外各八区，内外区铭文的对应关系是"吉：天门、一日、九日、十七、廿五。凶：天贼、二日、十日、十八、廿六。吉：天财、三日、十一日、十九、廿七。凶：天阳、四日、十二、廿日、廿八。吉：天官、五日、十三、廿一、廿九。凶：天阴、六日、十四、廿二、卅日。吉：天富、七日、十五、廿三。凶：天盗、八日、十六、廿四"。凸素缘。此镜流行于晚唐至五代。

根据《玉匣记》记载，此镜应为诸葛武侯选择逐年出行图中的中元将军所管四仲月吉凶图，但二者存在一定差异。由于《玉匣记》版本较多，易出现以讹传讹。而此镜使用年代也早于现存《玉匣记》的任何版本，因此对《玉匣记》的校正和研究提供了有力的佐证。

155. "符箓"八卦星象镜　唐

直径24.0厘米，缘厚0.7厘米，残重918克

圆形，惜残，仅存一半。主纹分为三区，内区为八卦符并有文字标注，分别为四阳（巽）、花阴（离）、二阳（兑）仅剩三组。中区饰四个通行符箓，其间饰铭文依次为："太清馆、太华台、紫微宫、皇帝左居堂"，仅剩四组。外区饰四个不同的符箓，其间饰四个不同的星象纹，也仅剩四组。素缘。此镜较少见。《故宫藏镜》第118页、《洛阳出土铜镜》图版206、《古镜今照》图版215均有一面。